水戸の人物シリーズ7

助さん・佐々介三郎の旅人生

但野正弘

錦正社

『水戸の人物』シリーズ刊行に当って

水戸人に限らず、茨城県人の気質の一面を色濃く持つ人を世間では「水戸ッポ」という。それには敬愛の意味もないではないがその反対の場合も少なくないようである。

かつて藤田東湖は「水戸ッポ」とは言わなかったが常陸の気風を矯正しようとして、その「慷《こう》慨激烈《がいげきれつ》、進取に鋭《えい》にして敢為《かんい》に勇《ゆう》」であることは長所だが、その反面、『懶惰麁豪《らいだそごう》、研精《けんせい》の功《こう》を虧《か》き、固陋自足《ころうじそく》、汎愛《はんあい》の意に乏し」――つまり、横着で荒っぽく仕事に精密さが無く、頑固で見識が狭く、広く人を愛する心が乏しい――という欠点を指摘した。そして上方の人のように冷静沈着他人にやさしく、仕事に勤勉な気風を養うように指導した。そのために、東湖の影響を受けた水戸藩の士民にはその効果と思われる気風が確かにあったように思われる。いわゆる水戸の志士に対する現在の単純化したイメージは改めなければならないであろう。

ところで、水戸史上の人物にもさまざまな風格の持ち主があって、共通の類型に当てはめて割り切ってしまうことははなはだ精密を欠くことであり、また事実不可能でもある。一体水戸という所は昔から都を遠く離れた関東の僻地にあって、冬は寒く、産物は余り豊かでないが、東北に較べるとかなり恵まれた方である。こうした風土環境の中で造成されてきた土着の水戸人に対して、政治や教育の上で気質の改良に務めたのは水戸藩であった。ことに初期の水戸藩士は皆他地方から寄せ集められた混成部隊であるが、その多くは家康が末子頼房のために自ら選り抜いた人材から成っていた。それが第二代藩主光圀（義公）の時には、光圀自身若い頃から学問の意義に目ざめ、無学の人間ほど役に立たぬものはないと悟って領内の士民に常々有用の実学を奨める一方、大日本史編纂等の文化事業に携わる史臣をはじめ多くの家臣を採用したが、その採用に当っては履歴の他に詩や文章を検し、人柄を重んじた。このためか光圀の時代には一種独特の気骨ある人物が集められ、それぞれの持ち前を活かして充分な働きを見せた。光圀の施政は百姓町人にも大きな影響を与えたであろう。

時代が下って第六代藩主治保（文公）の頃、領内の百姓町人から人材を選んで藩士に採用したことは領民に意欲を持たせたが、第九代斉昭（烈公）の大改革はそうした新進藩士やその子たちの改革意欲によって推進された。従ってこの時代には領内の士民の間に文武好学の気風が興り、改革的意見を具申する者も多くなった。烈公や東湖による気風刷新は、世界的国家的立場から郷土的弊風を一洗しようとしたもので、それによって尊王攘夷の精神に基き内外の危機を打開する重い任務を果そうとしたのである。こうして幕末の水戸人は高い思想識見とやさしい人情味、気魄に富んだ実行力を持つようになったが、それは深い学問探求の努力や、父兄師友による切磋琢磨があったことを忘れてはならない。

「水戸の人物」シリーズは、水戸人を一つの類型にはめるのではなく、個々の生き方の中にさまざまの特性を見出して、現在に生きるわれわれの中に活かせるようにと考えて発行してゆきたい。

たしかに今でも水戸人は直情径行で学問思索を好まず、自分本位で他人に対する思いやりに乏しい欠点がまだあるように思う。われわれは「大日本史編纂」に発揮された精密な研究態度や、完成のための驚くべき持久貫徹力、あるいは弘道館教育に示された高い独創力、また、吉田松陰をはじめ多くの来訪者が感嘆した水戸人の懇切丁寧腹蔵なき応待ぶりを学び、現代日本の国際的な発展に貢献したいものである。

昭和五十八年七月

水戸史学会第二代会長　名越時正

はじめに

元禄五年(一六九二)の旧暦四月二十三日。季節は梅雨を迎えたころである。

当時、常陸太田(現茨城県)稲木村《いなぎ》にあった日蓮宗久昌寺《きゅうしょうじ》摩訶衍庵《まかえんあん》主の皆如院日乗《かいにょいんにちじょう》が書き記した『日乗上人日記』を見ると、「(四月)二十三日　壬寅《じんいん》　雨、入梅《にゅうばい》」と記されている。

この日、水戸藩小納戸役《こなんどやく》兼彰考館総裁佐々介三郎宗淳《さっさすけさぶろうむねきよ》は、旅装を整えて江戸の藩邸を旅立った。時に介三郎は五十三歳。行く先は兵庫(神戸)の湊川《みなとがわ》。

目的は、一昨年の元禄三年十月に水戸第二代藩主の地位を引退し、今は常陸太田の西山荘に隠居されている黄門老公徳川光圀の命をうけて、湊川に楠公《なんこう》(楠木正成)の墓碑を建立するための旅であった。

五十三歳。もう若くはない。介三郎にとって今回の旅は最後になるかも知れない、しかも重大な使命を帯びた、江戸から湊川まで約百五十里(約六〇〇㎞)におよぶ長旅であった。

そういえば、十五歳で京都花園の妙心寺《みょうしんじ》に入って僧侶となって以来、介三郎はしばしば長い旅をしてきた。彼もそんなことを考えながら、湊川へ向けて、東海道の旅の歩みを進めていったことであろう。

本書の主人公として取り上げる歴史上の人物「佐々介三郎宗淳」と筆者との関わりは、大学の卒業研究として『佐々宗淳の伝記的研究』に取り組んでから、四十数年の長きにわたっており、その間『佐々宗淳～禅僧と史臣の生涯～』（自家版、昭和五十三年七月刊）と『新版佐々介三郎宗淳』（錦正社、昭和六十三年七月刊）という二冊の著書を上梓してきた。

いわば、筆者の歴史研究の歩みは「佐々介三郎宗淳」研究を起点として、水戸学・水戸史学の諸方面に広がりをもつことができるようになったのだ、と思っている。

前著の『新版佐々介三郎宗淳』は、諸賢による従前の研究学説等について、その成果を跡付け、学ばせて頂くという気持ちで論考の再検討等を行ない、一種の学術研究書の形で執筆・刊行した書物であった。

これに対し、本書「水戸の人物シリーズ7」では、『助さん・佐々介三郎の旅人生』の書名で、前半生が禅僧、後半生が水戸の藩士・史臣。「旅人生」のような生涯を送った介三郎。

そしてテレビドラマ「水戸黄門」の助さんのモデルとしてもお馴染みの介三郎。

どこまで、彼の「旅人生」的な生涯と人物像を、平易で読みやすく、判りやすく紹介できるか心許《こころもと》ない面もあるが、しばらくの間、読者の皆さんにお付き合いを願うことにしよう。

佐々介三郎宗淳という人物の、家系や経歴のあらましを書き記した基本的な史料には、左記のようなものがある。

◎『水府系纂《すいふけいさん》／四十七上』（財・水府明徳会彰考館徳川博物館所蔵。以下、彰考館蔵と略書）

◎「十竹居士《じっちくこじ》佐佐君之墓」碑文

＊同僚の彰考館史臣である安積《あさか》覚兵衛《かくべえ》覚《さとる》（号澹泊《たんぱく》、格《かく》さんのモデル）の撰。

＊石刻「墓碑文」（常陸太田市増井正宗寺墓地）と『澹泊斎文集』（彰考館蔵）収録文の二種があり、少々の異同がある。

◎「良峰《よしみね》氏系図」（『群書類従』七輯上・巻一七四／系図部所収）

その他に、青山延于著『文苑遺談』、竹林貫一編『漢学者伝記集成』、東条琴台編『先哲叢談続編／巻二』、小宮山楓軒著『耆旧得聞・同付録』などにも略伝が記されている。

一方、諸家に伝わる佐々家の系図なども多種にわたっており（諸家伝来の「系図」等を参考にさせて頂く場合の所蔵者名等は、筆者が入手し得た時点での表示であって、本書の発行時点では、所蔵者名も変わっていることがある）、それに記載されている人物の、一族先祖の係累関係や名前等も含めて諸説異同が存在するようで、簡単には決し難いものがある。

そこで、本書は「水戸藩士佐々介三郎宗淳」の人物像を紹介するのが主旨であるから、そうした諸説異同の細かい詮索は割愛し、水戸側史料の『水府系纂』や「墓碑文」などを基本として、参考となる他史料により、記述に若干の補正を加える程度にとどめていきたい。

従って、右の主旨を踏まえて、引用史料などは書き下し（一部は漢文のまゝあり）や現代語訳を施して、読みやすくなるように努力し、史料の出典名等についても、基本的にはその都度本文中で（　）内に提示することにしたい。ただし、一部については、本文頁中に註を付けて補筆することもある。

◇人物名のうち、水戸の史臣等は、原則的には通称で表示するが、通称の馴染みが薄いと思われる人物については、諱《いみな》や雅号《がごう》で表示することもある。

◇本文やルビ等は、現代仮名遣いで表記するが、引用史料および漢文史料の書き下し文は、歴史的仮名遣いで表記することを原則とする。

平成二十年五月二十五日

著者　但野正弘　識

水戸の人物シリーズ 7

助さん・佐々介三郎の旅人生／目次

下編　水戸藩「史臣」時代

上編　「禅僧」修行時代

1　家系と生い立ち

一　「良岑（良峰）氏」と「佐々氏」

佐々《さっさ》介三郎宗淳《むねきよ》は、佐々与三左衛門直尚《よそうざえもんなおひさ》という武士一家の、七男一女の五男として寛永十七年の旧暦五月五日（新暦一六四〇年六月二十四日）、瀬戸内の「一小島」で誕生したという。

その頃、佐々家はある急迫した情況に遭遇していて、一家の旅の途上において、介三郎は生まれたわけで、まさに将来の彼の「旅人生」の始まりを象徴するような誕生であった。

まずは、介三郎の先祖および家系から繙いてみよう。

「良峰《よしみね》氏系図」（『続群書類従』第七輯之上・系図部）などによると、第五十代桓武《かんむ》天皇の第十七皇子である大納言良岑《よしみねの》（良峰）安世《やすよ》からはじまり、その子が六歌仙の一人僧正遍昭《へんじょう》（良岑宗貞《むねさだ》）で、遍昭の子、つまり安世の孫に当たる玄理《くろまさ?》という者が、尾張国丹羽郡に移り住んで椋橋《くらはし》姓を名乗ったと伝えられている。

そして、玄理十三世の孫が丹羽郡前野邑《まえのむら》に住んだ前野時綱《ときつな》。その子孫が戦国時代に織田信安《のぶやす》（尾張岩倉城主）に仕え、のちに織田信長の戦列に加わったという前野加賀守宗直《むねなお》（一説には吉康《よしやす》、？〜一六一一）。即ち介三郎の曾祖父にあたる人物である。

佐々介三郎宗淳（十竹）の墓
《墓碑は安積澹泊の撰文》
（常陸太田市増井・正宗寺墓地）

前野加賀守宗直は、戦国末期の武将佐々陸奥守成政《むつのかみなりまさ》の姉と結婚し、三男一女が生まれた。

『水府系纂／四十七上』（彰考館蔵）掲載の系図には、

「某――佐々与左衛門　冐二母氏一　仕二佐々陸奥守成正（マヽ）一　母成正姉」

「某――佐々備前　仕二成正及加藤清正一　母同上」

と男子二人が記されているが、他系図、例えば『肥後国前野佐々氏系図』（吉田龍雲氏蔵）、『良峯姓前野氏系図』（佐々健二氏蔵）、『柏原《かいばら》織田家臣系譜／良峯姓佐々氏』（篠川直編・明治二十四年十月刊）などを見ると、

「宗能（与左衛門）・十助某（九里氏養子）・女藤森（津田弥右衛門妻）・直勝（備前）」

と、確かに三男一女が記載されている。

『水府系纂』では、養子となった十助某と嫁いだ女子の記載は省略したのであろう。

尚、『水府系纂』記載の、長男「某―佐々与左衛門《よざえもん》」の諱は「宗能《むねよし》」であったと思われる。

熊本の佐々亀雄氏蔵『佐々家系譜』には「宗継《むねつぐ》」と記載されており、筆者執筆の前著『新版佐々介三郎宗淳』（昭和六十三年七月、錦正社刊）では、それをもとにして「佐々与左衛門宗継」と記した上で、『柏原織田家臣系譜／良峯姓佐々氏』の記事を参考として「与左衛門宗能」を付記しておいた。

しかし今回、改めて諸系図を参照したところ、宗継と宗能のどちらが正しいのか明確な根拠はもたないが、宗能説がかなり多いという感触を得たことから、本書では「与左衛門宗能」と表示することにしたい。尚、宗能は佐々成政に仕え、「佐々」の姓を与えられたという。

弟の備前某の諱は「直勝《なおかつ》」と言い、初姓は前野であった（『参考太平記凡例稿本』や『同凡例』の東寺金勝院本解説）が、のちに「佐々」姓に改めている。その佐々備前直勝が介三郎の祖父である。

備前直勝は、はじめ佐々成政に仕えたが、兄宗能が天正十五年八月の熊本一揆で戦死し、成政も翌年閏五月、豊臣秀吉の命で尼崎で切腹したため、佐々家の名跡を継ぐことになって、新たに熊本城主に封ぜられた加藤清正に仕え、肥後菊池郡内の三村の代官を命ぜられたという。

佐々備前直勝の嫡子が佐々与三左衛門直尚、即ち介三郎の父である。彼は平馬《へいま》と称し、義斎《ぎさい》（義斉）と号した。

『水府系纂』には、備前直勝の子は直尚一人だけが記されているが、『柏原織田家臣系譜／良峯姓佐々氏』や『肥後国前野佐々氏系図』には、直尚の弟として「弥左衛門直近《なおちか》」の名が記されており、また介三郎が書いた「松江復讐録」（茨城大学図書館蔵『十竹遺稿補遺』）の中にも「予之叔父直近」という記述があるので、直尚には、弥左衛門直近という弟がいたことは確かなことであろう。

二　介三郎の誕生

介三郎の父与三左衛門直尚《よそうざえもんなおひさ》は、はじめ熊本の加藤清正に、次いで子の忠広に仕えたが、のちに寛永九年（一六三二）、讃岐高松（香川県）に移って生駒高俊《いこまたかとし》に仕えた。

ところが数年後、生駒家で重臣達の対立から一種の御家騒動が持ち上がった。

その対立激化の中で、一方の藩士や家族・縁者達の大勢が船を借り集めて、寛永十七年（一六四〇）五月五日に讃岐高松を脱出したり、立退《たちのき》先や船中で自害する者も多数あったという事態にまで立ち至った。

『香川叢書／第二』所収の「生駒家廃乱記／付録」では、立退者を「先退《せんたい》」と記している。

この問題は同年七月幕府によって裁断が下され、藩主生駒高俊は讃岐十七万千八百石から、出羽国由利郡矢島（秋田県南西部の由利郡矢島町）一万石に改易となった。

これが世に言われる「生駒騒動《いこまそうどう》」である。

寛永十七年五月五日、高松から船で脱出した人々の中に、佐々直尚の一家がいた。

前記の「生駒家廃乱記／附録」に「生駒家先退、切腹」の記録があり、その中の「先退」名に

「新参衆《しんざんしゅう》　佐々与惣右衛門《よそううえもん》」という名前がみえる。

名前の一部に異同はあるが、「新参衆」と記されているところをみると、介三郎の父与三左衛門直尚ではないかと思われる。

五月五日の夜、直尚一家は瀬戸内海の一小島に宿泊した。折しも身重で臨月間近だった直尚の妻が其処で一人の男子を出産した。その男子こそ、のちの「佐々介三郎宗淳」であった。

安積覚兵衛《あさかかくべえ》（澹泊《たんぱく》）撰「十竹居士佐佐君之墓《じっちくこじさっさくんのはか》」の碑文（原漢文、以下同）には、

「寛永十七年義斎讃岐を去る。五月五日舟を一小島に泊めて君を生む。小字《こあざな》島介」

と書かれている。寛永十七年（一六四〇）五月五日、介三郎は瀬戸内海の一小島で生まれた。小字（幼名）は島介と名付けられた。他に嶋介・島之助などと記されている書物もあるが、名付けの意味は同じであろう。

そこで問題になるのが介三郎の出身地。つまり出生地の「一小島」が、当時の国名では何処に属するのかということである。筆者の手元にある書物等から探ってみると、

(1)「備前《びぜん》の人（備前の一小島）」説――備前国＝現在の岡山県に属する小島という説。

大内地山著『常総古今の学と術と人』・清水正健著『増補水戸の文籍』

西村文則著『水戸学随筆』・吉田一徳著『大日本史紀伝志表撰者考』など。

＊その他に「備前の児島」説もある。かつて香川県坂出市在住の知人から、

「備前の児島（中世には小島とも書く）としては如何《いかが》」

という情報が寄せられたことがある。つまり岡山県倉敷市南部の児島である。

その南端の下津井《しもつい》は、江戸時代には瀬戸内海の重要な港町として繁栄した町である。

介三郎は、水戸仕官後の貞享二年（一六八五）、史料採訪の為に九州方面へ赴いた際、大坂から瀬戸内海を船で小倉へ向かったが、その折「下津居」に一泊している。しかし、自らの出生地との関係については、何らのコメントも書き記してはいないし、碑文には「一小島」と記されており、小島＝児島であるならば「一」は付けないであろう。

従って、固有地名としての「備前の児島」説には、こだわらない方がよいと思われる。

(2)「讃岐の人（讃岐の一小島）」説――讃岐＝現在の香川県に属する小島という説。

安省三著『誰にもわかる水戸学とその解説』・『漢学者伝記集成』・『先哲叢談続編』

(3)「肥後の佐々宗淳」説――肥後＝現在の熊本県の出身説。

北条猛次郎著『維新水戸学派の活躍』など。

等々の諸説がある。

一家は船で讃岐を脱出した後、大和の宇陀《うだ》（奈良県宇陀市大宇陀区）に移り住んでいる。

確証はないが、もし讃岐脱出の当初から宇陀への移居をめざしたのであれば、備前（岡山）寄りの海の道筋をたどったのでは、かなりの遠回りとなる。

小舟利用で、讃岐寄りに行けば、女木島《めぎ》・男木島《おぎ》・豊島《てしま》等を経て、又は大島・鎧島《よろい》・兜島《かぶと》・稲毛島などを経て小豆島へ渡り、ついで家島《いえしま》諸島から姫路方面へ上陸するという道筋がある。

一方、小豆島から明石海峡を経て神戸や大坂方面に至るという道筋もあり、或いは、何れかの一小島から淡路島を経由して大坂や和歌山方面に上陸するという海路も考えられる。

五月五日の日中（何時かは不明であるが）に舟をだして、その夜に島に到着できる距離、緊急の出産が無事行なわれた人家や宿の存在、大和の宇陀へのコースなどを考慮すると、讃岐に属する小豆島あたりではなかったかと筆者は考えるのであるが、しかし一方で、有名な島であったならば、「一小島」と記されることはなかったであろうとも考えられる。

幼少からの、家人の話にも具体的な島名が出てこなかったような小島であったために、介三郎の記憶にも残らず、碑文を書いた安積覚兵衛も介三郎から聞いたことがなかったので、「一小島」と記したのであろうとの推測も成り立つわけである。

いずれにしても、介三郎の出生地である島の名を特定することは、今日では到底不可能なことで、寛永十七年（一六四〇）旧暦五月五日に、「瀬戸内の一小島で生まれた」と記すことにとどめておこう。

ただし、「出生」は瀬戸内の一小島であったとしても、「出身地」という点からは、次のようなことも考えられる。

つまり、寛永十七年五月五日に直尚一家が讃岐を去り、同夜、介三郎が一小島で生まれ、次いで短期間をおいただけで大和宇陀（菟田《うだ》）の織田高長《たかなが》のもとに寄寓し、その地に移り住んだとすれば、「宇陀」の地を介三郎の出身地と称してもよいわけである。

後年、介三郎自身も彰考館史臣との往復書案（京都大学文学部所蔵『大日本史編纂記録』、以下『記録』と略書。『記録／十二』元禄三年二月十一日付け中村新八宛佐々介三郎・吉弘左介書簡）の中で、和州室生《わしゅうむろう》山《さん》のことについて語った際に、

「室生山の儀、介三郎故郷宇陀より五里御座候」

と、「故郷宇陀」という表現を用いている。現今でもある母親が旅行先の病院などで子を出産した場合、生まれた子の出身地は、病院の所在地ではなく、出生届を出した親の現住地となるのが普通であろう。

筆者としては、たとえ介三郎が瀬戸内海の「讃岐」または「備前」に属する小島で生まれたとしても、むしろ彼を「大和・宇陀の人」と称した方が良いのではないかと思っている。

佐々介三郎宗淳略系図

【基本】㈶水府明徳会彰考館徳川博物館所蔵
　　　　『水府系纂／四十七上』
【補訂】『柏原織田家臣系譜／良峯姓佐々氏』
　　　　『良峯姓前野氏系図』（佐々健二氏蔵）
　　　　『肥後国前野佐々氏系図』（吉田龍雲氏蔵）
　　　　『佐々家系譜』（佐々亀雄氏蔵）
　　　　『新訂大宇陀町史』等々

- 佐々成政の姉 ＝ ＊（曾祖父）前野加賀守宗直（吉康）
  - 佐々与左衛門宗能（宗継）
  - 十助某
  - 女子藤森
  - （祖父）佐々備前直勝
    - （父）与三左衛門直尚（平馬・義斎／義斉） ＝ （母）大木織部（土佐）兼能女
      - （長男）与三左衛門勝朗
      - （長女）女子藤
      - （次男）彦右衛門宗信
        - 角左衛門
        - 藤蔵宗立（養子）
      - （三男）古橋茂衛門直房
      - （四男）与左衛門宗明（小左衛門）
        - 女子
        - 茂左衛門直賢
        - 女子 ＝ 岡井兼孝
          - 孝先
            - 富五郎（岡井）
      - （五男）介三郎宗淳 ＝ （先室）志村氏 ／ （継室）淡河氏
        - 藤蔵宗立 ＝ 三木左大夫之幹養女（実三木仁兵衛高之女）
        - 女子（水戸三代綱条の奥方に仕える） ＝ 三木幾衛門之言
        - 女子（松平土佐守豊隆の奥方に仕える）
      - （六男）十左衛門（治兵衛）直秀
      - （七男）立慶（権左衛門）直方
    - 弥左衛門直近（直久）
    - 女子
    - 女子
    - 梶右衛門
    - 女子
    - 加賀右衛門

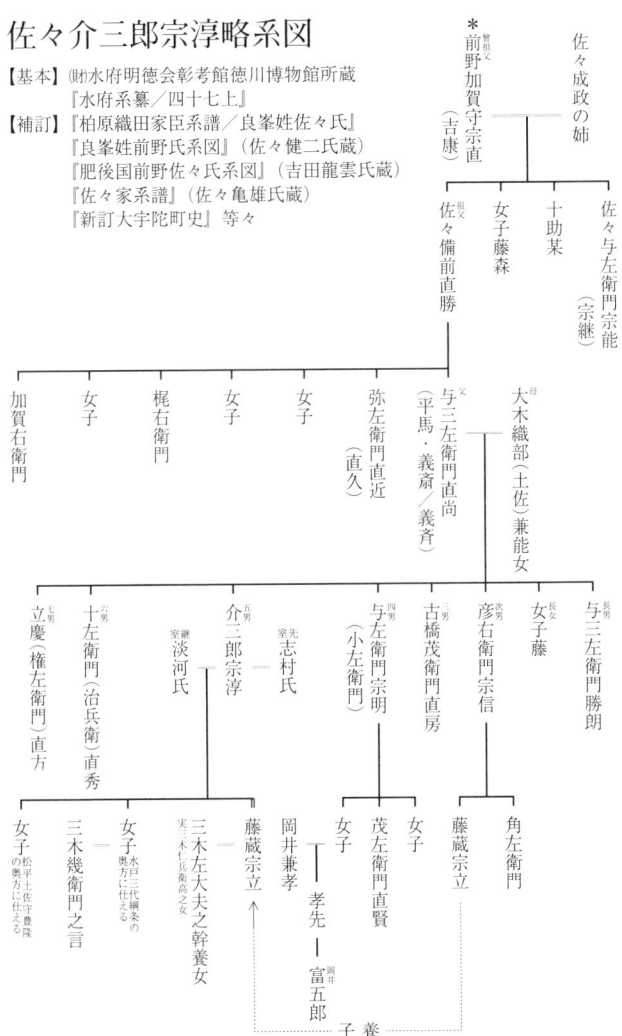

尚、介三郎の母は、彼自身が書き記した「外祖大木府君伝」(『十竹遺稿補遺』所収)によると、熊本の加藤清正の家臣大木織部兼能《おおきおりべかねよし》(称土佐)の次女であるという。

のちに介三郎は、藩主徳川光圀の命を受け、史料採訪のために九州方面を訪れるが、その際に、熊本の母方の大木家との縁は大いに役立ったようである。

直尚夫婦の子供達は、介三郎自身が「我に四兄一姉二弟有り」と記しており(『十竹遺稿』所収「示諸従子」)、八人兄弟で、介三郎はその五男として生まれたことがわかる。

彼の兄弟達の名前(諱や通称)については、系図によって諸説差異があって簡単には決め難いものがあるので、本書では前頁に掲げたように、彰考館蔵『水府系纂/四十七上』の系図と同書掲載の略歴を基本として、他書掲載・他家所蔵の系図は参考補訂として使用するにとどめることにした。

良岑安世から前野加賀守に至る間の系図には多くの問題も残るが、介三郎自身は「良岑《よしみね》(良峯)」姓を「氏」の本貫《ほんかん》・本姓として尊び、一方で、戦国武将の佐々成政の流れに連なる家系として、「佐々」姓を名乗ることに対する意識も強くもっていたと思われる。

従って、介三郎の直接の先祖家系としては、前頁の「佐々介三郎宗淳略系図」に示したように曾祖父の前野加賀守宗直あたりから考えるのが、最も無難な見方なのではなかろうか。

三　宇陀松山織田家と佐々直尚一族

寛永十七年(一六四〇)五月五日に、佐々直尚一家が讃岐を出て一小島に泊り、介三郎が誕生したあと、いつ頃に大和の宇陀に移り住んだのかは全く記録がないので、その辺の事情は不明であるが、直尚が宇陀の織田高長に仕えたことは確かである。

宇陀の織田藩とは、元和元年(一六一五)七月に、織田信長の次男信雄《のぶかつ》が幕府(二代将軍秀忠)から五万石を与えられ、大和国宇陀《うだ》郡松山《まつやま》(現奈良県宇陀市大宇陀区下茶付近)を城地としたのにはじまる。即ち松山織田藩である。

寛永七年(一六三〇)に信雄が歿したあと、遺領のうち三万千二百石が、五男の高長《たかなが》に付与された。その後、高長の子長頼《ながより》は万治三年(一六六〇)に弟長政《ながまさ》に三千石を分封して二万八千二百石となった。

ところが長頼の子信武《のぶたけ》が、元禄七年(一六九四)十月に、家老二人とその一門を殺害して自刃したため、嫡子信休《のぶやす》が五代目の家督を継いだが、翌八年二月に信休は八千二百石を没収されて、丹波国氷上《ひかみ》郡柏原《かいばら》(現兵庫県丹波市柏原町)二万石に転封された。

これが柏原織田藩の始まりで、宇陀松山に織田藩がおかれたのは、元和元年（一六一五）から元禄八年（一六九五）までの四代八十年間ということになる（以上『徳川加除封録』）。

直尚は讃岐を去って宇陀に移り、松山織田藩の二代目高長に仕えたのであるが、『柏原織田家臣系譜』には、

「高長公之《これ》を招き、待《たい》するに賓礼《ひんれい》を以てす」（原漢文）

と記されて、正規の藩士扱いではなく、直尚の祖父前野加賀守宗直と織田家との関係や、成政以来の佐々家の名跡などの縁から、当初は特別な賓客的待遇をうけ、やがて家臣の列に加わって行ったのであろう。

直尚の後は、長男勝朗《かつあき》が松山織田家三代長頼に仕え（『水府系纂』、他系図は「高長」）、さらに四男の与左衛門宗明《むねあき》（小左衛門）も、『柏原織田家臣系譜』の註には「仕長頼公、禄三百石小性（姓）頭」と記され、兄と同じく長頼に仕えたわけである（『水府系纂』等）。

宗明の後は、子の直賢《なおかた》が松山織田家の信武に仕え、更に元禄八年には信休に従って丹波柏原に移り、続いて二代目の信朝《のぶとも》にも仕えている。つまり直尚から勝朗・宗明までは宇陀松山織田家の家臣。直賢以降は丹波柏原織田家の家臣としてその系統が継承されていったことになる。

宇陀松山織田家・丹波柏原織田家と、佐々家との関わりについて、少々紙数を費やしたが、で

は、佐々直尚の五男として誕生した島介（のちの介三郎宗淳）の生育歴はどのような情況であったのであろうか。

島介の幼少年時代は、父や兄達とともに大和の宇陀に住み、養育されていたと思われるが、詳しい消息はわからない。

のちには水戸の光圀に仕え、『大日本史』編纂を進める史館「彰考館」の史臣・総裁として全国的に名を知られてゆくことになるが、幼少年時代は、織田家の客遇的武士の一子という存在であったわけであるから、何ら注目され、記録が残されるようなことはなかったであろう。

しかし十五歳を迎えて、介三郎の生涯にとっては、第一の大きな転機が訪れることになる。

2 仏門（禅僧）修行

一 臨済宗妙心寺の禅僧

介三郎は、大和の宇陀《うだ》（現奈良県宇陀市）で少年時代を過ごした。

承応《じょうおう》三年（一六五四）十五歳の時に京都花園の臨済宗妙心寺《みょうしんじ》に入り、「祖淳《そじゅん》」と号し、禅僧の修行をはじめた。以下、三十四歳で還俗《げんぞく》するまで、基本的には「祖淳」と記すことにする。

祖淳の仏門入寺の理由や事情は明らかではないが、彼自身が還俗後に書き記したと思われる「立志論《りっしろん》」という文を見ると、たった一言「親命《しんめい》に因《よ》り」と書いてある。

当時の、直尚一家の事情から推察すれば、介三郎即ち祖淳は、姉を入れて八人兄弟の五男である。しかも、彼の誕生の頃は、父が「生駒騒動」に遭遇して高松を去り、牢浪の身となった時期であった。まもなく、大和宇陀の織田高長のもとに「賓礼を以て」迎えられたとはいえ、微禄であったであろうから、大家族の生計はかなり困難な情況にあったことと思われる。

そこで男兄弟も多いということから、父の命により僧侶となったのではないかと想像されるのであるが、何故に妙心寺への入寺なのか、同寺と佐々家との関係については分からない。

さて、十五歳で妙心寺に入った祖淳は、熱心に経典類を読破し、仏の真理を解明会得しようと、僧侶として懸命に学問修行に励んだのであったが、彼が住した「受業《じゅぎょう》の院《いん》」は、妙心寺の何という塔頭《たっちゅう》子院《しいん》なのかということは明らかではない。

筆者が捜索したかぎりでは、祖淳(介三郎)自身が、何々院と記した記録は見当らない。

しかも祖淳が仏門にあった承応から延宝《えんぽう》初年(一六五〇年代～七〇年代)にかけては、妙心寺の塔頭子院は八十数院と伝えられている(西田直二郎著『洛西花園小史』)。一介の修行僧であり、まして中途で還俗(詳細は後述)した者の動向について、寺伝の記録に残されることはなかったであろう。

かつて筆者も、妙心寺の寺務所を訪ねて「介三郎・祖淳」の行跡を調べたことがあったが、彼が禅僧として同寺に在籍したことすら知らないとのことで、何らの成果も得られなかった。

しかし、祖淳の妙心寺時代の学問修行の一斑を示す補足的史料には巡りあうことができた。

それは茨城県立図書館架蔵の『松蘿《しょうら》本《ぼん》十竹斎《じっちくさい》筆記《ひっき》』という介三郎の筆記録(写本)の中に、

「師蛮《しばん》字《あざな》万祚《ばんそ》……曽て延宝伝燈録三十巻を撰し、又日本高僧伝を撰す。……宗淳少しく文字

を識《し》るは、皆万祚師の力なり。其の恩莫大《ばくだい》なり。」（原漢文）

と、「師蛮万祚という師匠のお陰で、基礎学力が身についた」と書き留めている記事である。

師蛮万祚とは、『延宝伝燈録』や『本朝高僧伝』の大著がある僧伝史家として高名な妙心寺の禅僧卍元師蛮《まんげんしばん》（一六二六〜一七一〇）のことである。

右の介三郎の述懐からもうかがい知れるように、禅僧祖淳時代につちかわれた師蛮との師弟関係は、かなり深く直接的であったと思われ、のちには介三郎が仕えた水戸の徳川光圀との緊密な交流にまで発展していくことになる。

介三郎が水戸家に仕官したのは、延宝二年（一六七四）九月のことであるが、その延宝年間に、藩主光圀は常陸国茨城郡下古内村《しもふるうち》（現茨城県東茨城郡城里町下古内）の臨済宗清音寺《せいおんじ》の住持に師蛮を招請したいと考え、介三郎に招請交渉を委ねた。

当時の「往復書案」や久保田収氏著『近世史学史論考』によると、延宝年間の交渉では、師蛮が『延宝伝燈録』の述作中であるとの理由で受諾を得られなかったようで、数年後の天和《てんな》三年（一六八三）頃に再び交渉が開始され、介三郎と水戸藩京都留守居役の佐藤有慶《ゆうけい》との間で連絡を取りあい、重ねて懇願した結果、師蛮の赴任が決定した。

同年七月に師蛮が京都を発して常陸国古内村に向かい、八月に光圀の臨席のもと、清音寺で開《かい》堂演法《どうえんぼう》（禅宗の法会の一つで、新しい住持の入山の時に初めて行なわれる説法）が催されて師蛮が正式に住持となった。

しかし、師蛮には『本朝高僧伝』撰述の強い希望もあって、彼の清音寺住持としての滞留は一年間（天和三年～貞享元年）のみで、京都へ戻っていった。

尚それ以後も、光圀・介三郎と師蛮との協力関係は親密に続いた。例えば、京都龍安寺《りょうあんじ》西源院《せいげんいん》所蔵の『西源院本太平記』の借覧について、その交渉から借入、返却・返礼品のことまですべてを師蛮に委任していることからもうかがえる。

二　明僧隠元の黄檗禅に参禅

十五歳で妙心寺に入った祖淳は、以来数年間ただひたすら僧侶としての学問修行に励んだ。ところが二十一歳の時（万治《まんじ》三年・一六六〇）に、自らの修行に重大な問題があることに気づいた。それは学問と躬行《きゅうこう》（身を以て実践すること）が一致していないということであった。

「自分は猛烈に反省した。仏法というものは「如説修行《にょせつしゅぎょう》（如法《にょほう》修行に同じ）」、つまり仏の教えに叶うように修行することである。ただ書物ばかりをどんなに沢山読んでも、仏の道を実践実

行しなければ、それは仏者とは言えないのである」（「立志論」、現代語意訳）
と、純粋熱烈な心の内を告白している。

こうした厳しい反省は、さらに激しい奮発となり、これより祖淳は僧堂における経録読書の域を大きく一歩踏み出し、仏徒としての実践・体得をめざす修行の道へと突き進んで行った。

妙心寺から実践修行の旅に出た祖淳は、

「径《ただ》ちに津南慈雲山《つなんじうんざん》に抵《いた》り、明僧隠元《みんそういんげん》に親炙《しんしゃ》す。朝参暮請《ちょうさんぼせい》、歳華《さいか》を度《わた》る」（「立志論」）

と、当時、摂津国富田《とんだ》（現大阪府高槻市）の慈雲山普門寺《ふもんじ》で法筵《ほうえん》（仏法を説く席）を開いていた明僧隠元《いんげん》隆琦《りゅうき》（一五九二～一六七三）のもとを訪ねたのであった。

隠元は、承応三年（一六五四）七月に来日して、しばらく長崎に滞在していたが、黄檗禅《おうばくぜん》を学ぼうとする学徒が多数集まったという。臨済宗の妙心寺派でも、僧竜渓宗潜《りゅうけいそうせん》らが隠元の招請に向けて奔走し、翌明暦《めいれき》元年九月に竜渓の住寺である摂津富田の普門寺に移った。

その後、隠元は万治《まんじ》元年（一六五八）江戸に出て四代将軍徳川家綱に謁し、翌年幕府から山城国宇治（現京都府宇治市五ケ庄）に新寺建立の許可を得た。そして寛文《かんぶん》元年（一六六一）五月に黄檗山万福寺《おうばくさんまんぷくじ》を開創し、閏八月に隠元は新寺に晋山《しんざん》（新住職となる）している。

そうした当時の、妙心寺派の竜渓らを中心とする禅宗界の動きの中で、青年僧祖淳の心をひきつけたのが、普門寺の隠元への参禅修行であったのであろう。

「立志論」には、その期間について「歳華《さいか》を度《わた》る」とだけ書かれている。「歳華」は一般的には「歳月」のことで年月の限定はないが、祖淳の二十一歳の時といえば、万治三年（一六六〇）にあたる。

隠元は、万治元年から翌二年頃には江戸に出ていたが、万治三年には摂津普門寺に戻っており、寛文元年（一六六一）閏八月に新寺に晋山しているので、その間は隠元はほゞ普門寺に在住していたであろうと思われる。

尚、当時の禅僧祖淳も、のちの介三郎も、黄檗山万福寺と自身との関係については、全く記してはいない。つまり普門寺の隠元への参禅修行のみで終ったと見てよいであろう。

その期間は、万治三年（一六六〇）から翌寛文元年（一六六一）にかけて、「歳華」を度った約一年程の間ではなかったかと推定される。

こうして祖淳は、臨済の禅に加えて黄檗の禅を修行し、大いに得る所があったと述懐している。

しかし彼は、隠元への参禅のみでは満足しなかった。

三　諸宗の教相修得と多武峰苦行

祖淳は、そのような熱き思いを「立志論」中で、次のように語っている。

「三学《さんがく》（註、戒律《かいりつ》・禅定《ぜんじょう》・智慧《ちえ》）備はらざれば、則ち真の仏者に非ざるなり。我れ豈《あに》一隅を守りて、一生を過さんや」

と、真の仏徒となるために、一意求道の決意をかため、それより笈《きゅう》（竹製の背負い箱）を背負って急峻な山嶽をよじ登り、大川を越えて四方に遊歴した。

○　比叡山延暦寺を訪ねては、摩訶止観《まかしかん》を中心とする天台宗の「止観業《しかんごう》」（筆者の素人解説であるが、以下同。多くの雑念を払い捨て、心を澄まして真理を観《かん》じ悟ること）を聴き、

○　南都（奈良）に出て法相宗興福寺に「唯識論《ゆいしきろん》」（一切諸法の実在は心だけであり、全ての事物や現象は、心の認識の働きにより仮に現われたものとする説）を問い、

○　さらに高野山に登っては真言の「密教《みっきょう》」（悟りの真理そのもの）を学び、

○　槇峯《まきのみね》すなわち和泉《いずみ》（大阪府和泉市）の槇尾山施福寺《まきのおさんせふくじ》（京都槇尾の西明寺《さいみょうじ》であるとする解釈もある）においては、「律法《りっぽう》」（仏が定めた戒め、戒律）をならった。

という。（以上「立志論」）

諸宗の教相を積極的に学んだ祖淳は、さらに自分自身に対し闘いを挑んでいくことになる。

彼は大和の多武峰《とうのみね》（現奈良県桜井市多武峰）の山中に奥深くわけ入り、「土を積みて室と為し、蓬《よもぎ》を編みて戸と為」す草庵をむすんで、草や木の実を食べ谷川の水を飲みながら、「長坐《ちょうざ》して臥《ふ》さず、日禅誦《ひびぜんじゅ》を以て業となす」ような生活を続けた。

そして宋の「清涼国師《しょうりょうこくし》に倣《なら》ひ、十誓《じっせい》を立て」（清涼国師については、『仏祖統記《ぶっそとうき》／二十九』にわずかな記事があるが詳細は不明で、十誓についての説明はない。従って祖淳の十誓も、どのような内容であったかはわからない）、それに違背しないように厳しい修行に励んだ。

修行の結果、祖淳は、十誓も成し遂げ、仏徒として一通りやるべきことはやった。そしてそれを誇る気持ちにさえなった。

しかし祖淳は、何かやむを得ない事情に迫られたらしく、故山受業の院、則ち妙心寺に帰住しなければならなくなった。ただし、彼の妙心寺帰住の時期、やむを得ない事情等については全く記録がなく、普門寺の隠元の門をたたいてから妙心寺帰住までの期間年月も不明である。

ところで、禅僧時代の祖淳に関して、拙著『新版佐々介三郎宗淳』（昭和六十三年七月刊）の発行以後、筆者にとっては判断に迷うような、幾つかの情報が寄せられた。論文名や執筆者名、具体

的な内容についての紹介は、こゝでは割愛するが、一二三の例をあげてみると、

(1)　黄檗山(万福寺)の「沙門道越《しゃもんどうえつ》」「字超格《あざなちょうかく》」という僧は、

↓「還俗して水戸侯に仕えた佐佐助三郎」である。

(2)　妙心寺長興院の「僧唯了《ゆいりょう》」は、「改宗して黄檗山の隠元の侍者《じしゃ》の一人」となり、

↓「還俗して水戸公の儒官佐々介三郎」となる。

(3)　「沙門祖淳《そじゅん》」と「僧長格《ちょうかく》」は同一人↓妙心寺の「祖淳こと佐々介三郎宗淳」であり、

↓寛文十一年に『増賀《ぞうが》上人行業記』を執筆した人物であると推測される。

というようなものである。妙心寺在籍の禅僧時代はもちろん、三十四歳頃に還俗し江戸へ出府した時期までは、確かに「祖淳」と称し、書簡にも署名をしている。その詳細は後述する。しかし、「沙門道越・超格・唯了・沙門祖淳・長格」が、即ち「妙心寺の祖淳」であり、還俗後の「佐々介三郎宗淳」だと結論するには、種々の問題が存在する。

本書の性格上、その問題の検討は割愛することにしたいと思うが、果たして「祖淳」と号した僧侶は、のちの「佐々介三郎宗淳」だけが、唯一該当する人物であったのかどうか。介三郎以外に「祖淳」と号した僧侶は存在しなかったのかどうか、大いに疑問を感ずる処である。

筆者としては、右に掲げたような僧達の名に、即「祖淳」を結びつけ、のちの「佐々介三郎宗

京都花園の臨済宗妙心寺全景

淳」であると単純に結論するのは、かなりの無理があると思っている。

3 還俗から水戸への仕官

一 還俗・立志

いつ頃か。二十九歳前後の頃なのであろうか。諸山の修行・遊歴の旅から、妙心寺に帰ってきた祖淳であったが、そのまゝ寺に落ち着く気持ちはなかったようである。

それはどのような理由によるものであったのか。

「立志論」から推察するに、祖淳は二つの大きな問題に直面したと思われる。

その第一は、当時（江戸時代前期）の仏教界の風潮に対する忿懣《ふんまん》であった。寺院は「諸宗寺院法度《しょしゅうじいんはっと》」によって統制されながらも幕府の保護をうけ、檀家制度によって経済的にも保障された寺院や僧侶達は、真剣な宗教活動をしなくなったことである。祖淳は次のように指摘する。

古くは、僧侶が俗人の葬式に出るということは厳しく禁じられていた。ところが近年の世の風潮を見ると、葬式は僧侶の職業であるとし、人が死ねば必ず僧侶に葬式を営ませている。

一方僧侶の方でも、利益のあることを良しとして、葬式を大事な職務のように考えている。従って、一たび檀家の死を耳にすると、歓び勇んで出かけて行く。これが現実の仏教界の風潮ではないか。「嗚呼《あゝ》、弊風斯《へいふうこれ》より甚しと為すは莫《な》きなり」と祖淳は慨嘆し、これで良いのか、と自身の進退を真剣に考えるに至った。

十五歳で出家して以来、真の仏徒（僧侶）となることを目標として、仏の教えの真理を求めて考究し、諸山を遊歴してその教相を学び、多武峰《とうのみね》の山中に草庵をむすんで刻苦精励、厳しい修行を続けてきた祖淳にとって、現実仏教界の姿には、堪えがたいものがあったのであろう。

「僧侶の姿形をして生活している者は、自身も他人も欺《あざむ》く、天地の罪人である」

とまで痛論するほど、その批判はきわめて厳しいものとなっていった。

次に第二の問題は、二十九歳乃至は三十歳頃に、経典の一つ「梵網経《ぼんもうきょう》」を読んで、

「父母兄弟六親《りくしん》を殺さるるも、亦讐《しゅう》を報ずるを得ず」（「立志論」）

という「報讐《ほうしゅう》」（仇を討つ）を戒めた所謂「仏戒《ぶっかい》」に、疑問を抱くようになったことである。

「我れ今父母兄弟の在る有り。若し不幸にして人の為に害に遇ふときは、則ち我れ之を忍《しの》ぶか、我れ之を忍ばざるか。之を忍びて報讐せざれば則ち倫理滅ぶ。之を忍ばずして報讐すれ

ば、則ち仏戒に違ふ」

自分の父母兄弟が殺害されるような危難に遭遇した場合、仇を討つべきか否か。仏戒に徹するか、武門の倫理に従うべきか。仏徒として真剣に修行を続けてきた祖淳であったが、一方でその頃、武門の家柄「佐々家」の出身という潜在意識が、強く甦ってきていたようである。

晩年頃の作と推定される「示二諸従子一」なる一小文（『十竹遺稿』所収）において、

「今汝等蒙むる所の姓（佐々姓）は、奥州（陸奥守成政）の賜ふ所なり。……万一怯懦《きょうだ》不義の譏《そしり》を得ば、則ち啻《ただ》に祖先を辱《はずかし》むるのみに匪《あら》ず、是奥州を辱むるなり」

と、佐々成政を先祖とすることを誇りとし、またそれを以て子孫への教戒としている。

つまり、「倫理」か「仏戒」かという煩悶《はんもん》は、祖淳にとってきわめて深刻なものであったと思われるが、そうした情況の中で、彼が求めたものは儒学の経典《けいてん》『論語』であった。

鎌倉時代に渡来した宋学＝朱子学は、五山を中心とする禅宗の僧侶達によって、禅学を補う学問として採用・研究され、しだいに僧堂儒学が盛んになっていった。しかも戦国末から江戸初期にかけては、朱子学を主とする儒学が仏教的世界から分離独立し、大きな思想的発展を遂げつゝあった時期でもあった。

妙心寺という禅堂に生活していた祖淳にも、そうした儒学勃興の思想的潮流の影響が少なからず及んでいたのではなかろうか。

彼は『論語』を読んで、その教えは「句々《くく》心に銘《めい》」じたが、中でも、「子路鬼神《しろきじん》を問ふの章を読むに及んで、忽然《こつぜん》として感発興起、死生の理渙然《かんぜん》として氷釈《ひょうしゃく》す」と、祖淳の疑問は、解決の糸口を見いだすことができた。祖淳がいう「子路鬼神を問ふの章」というのは、実は『論語』（先進第十一）の次の章をさすものと思われる。

「季路《きろ》鬼神に事《つか》ふることを問ふ。子曰く、未だ人に事ふること能《あた》はず、焉《いずく》んぞ能《よ》く鬼《き》に事へんと。敢て死を問ふ。曰く、未だ生を知らず、焉んぞ死を知らんと」（原漢文）

この章は、門人季路《きろ》（＝子路《しろ》）が鬼神（神霊）とか死について質問したのに対して、人として如何に生きるべきかという現実問題の解決をまずやるべきだ、と孔子が答えた所で、現実生活における在り方・生き方を重視する教えであった。祖淳はこの点に感応したと言える。

そこで祖淳は、「梵網経」に説かれている仏戒を、過去・現在・未来にわたり、「業《ごう》」がすべて善因善果《ぜんいんぜんか》・悪因悪果《あくいんあくか》となって繰り返され、絶えることがないという「三世因果生死輪廻の説《さんぜいんがしょうじりんね》」（以下、「三世輪廻の説」と略記）に基づくものと解釈した。

つまり、前述の報讐の仏戒について分かりやすく言えば、たとえ父母兄弟などが殺されたとしても、それは前世の悪因が招いた悪果であって、もしその加害者に対して讐《かたき》をうてば、即ちこれまた自分自身が悪因となるということを、戒めたものであった。

「三世輪廻の説」は、必ずしも釈迦の教えの本旨と言えるものではないが、当時は長い戦乱が終結し、やっと世の太平が落ち着きを見せるようになった時期であり、なお平安中期以来の末法思想と合わさって、あたかも仏教の根本理念のように考えられたのであろう。

祖淳は結論として、仏教と儒教の根本的な相違は、「三世輪廻の説」を立てるか否かにあると考え、儒者は「唯輪廻の義無きを立て」、仏者は「唯輪廻の義有るを立つ」と判断、

「つまり、釈迦の説く輪廻の説は、すべて妄誕《もうたん》(でたらめ)であることを知った」(意訳)

と、「三世輪廻の説」を否定し、儒学へ傾倒を深めていった。

以上が妙心寺帰住後に「久留の心なし」と、祖淳が表明するに至った第二の問題であった。

そして祖淳が直面した二つの問題は、結局は仏教否定・儒教容認の思想形成となって、遂に「自分の心は、はっきりと決まった。これ以上は一日も僧侶の姿形で居るわけにはいかない」と、彼の心は還俗《げんぞく》(出家した僧尼が元の世俗の人に戻ること)の決意へと発展していった。

禅僧祖淳の還俗立志は、彼の真剣なる仏徒としての修行から生まれ出た疑問煩悶。その解決の糸口を与えた儒教。そして武門の家柄に対する自覚。など種々の要因の相互作用によって、しだいに形成確立されていったものであると考えられる。

二　還俗・立志の実現

祖淳は、前述したような事情で仏教界を離れ還俗しようと決意した、と筆者は推定したのであったが、実際に彼が妙心寺を出て還俗を敢行したのは「いつ頃？」、ということになると、その時期を明らかにすることは大変難しい。

祖淳自身が書いた「立志論」は、後日の回想録的性格を持つものであって、文章の書き方も、必ずしも年月的に順序立てられたものとは言い難いし、彼の経歴等を略記した文章や「碑文」にも、還俗敢行の時期に関する記載はない。

まずは、関連する史料等を参考にしながら、おおよその見当をつけてみることにしよう。最も注目される史料は、京都において親交があった鵜飼金平《うかいきんぺい》に宛てた「霜月十四日」付けの書簡（『十竹遺稿補遺』『耆旧得聞付録』等所収）である。以下、金平宛書簡と略書する。

＊鵜飼金平（一六四八～一六九三）――金平は通称、諱は真昌《さねまさ》、号は錬斎《れんさい》。京都の儒学者山崎闇斎《あんさい》の門人で、のちに延宝六年（一六七八）十月に水戸の徳川光圀に仕えて彰考館の史臣となり、総裁をつとめた人物である。介三郎の紹介推薦によって仕官したと伝えられている（鵜飼金平の

略伝は『水戸史学先賢伝』所収の拙論「錬斎鵜飼真昌」を参照）。

その金平宛書簡のまえがきを見ると、

――私（祖淳）は、京都を出発するにあたって、たいへん急ぎまして暇乞《いとまご》いもしませんでしたが、「道中無事ニ去る十日落着」致しました。なお、未だ住居も定まっていませんので、とりあえず村上勘左衛門棚《だな》（貸長屋のこと）に寄宿しました。（意訳、「　」部は原文）

と記されていて、霜月《しもつき》＝十一月の十日に江戸着、十四日付けの書簡であるから、江戸出府直後のものと見て間違いあるまい。

ところが残念なことに、明らかなのは「月日」のみ、肝腎の「年代」が記されていない。

そこで、この書簡が書かれた年、つまり江戸出府の年は、何年なのかということを検討してみる必要がある。同書簡の末尾には、次のような七言絶句一首が付されている。

仲冬《ちゅうとう》二（註、十一月二日）出京口占《こうせん》《くちうら》

誤入㆓空門㆒二十秋　　（誤りて空門《くうもん》に入ること二十秋《しゅう》）

改㆑衣此日赴㆓東州㆒　　（衣を改めて此の日東州に赴《おもむ》く）

功名富貴非㆓吾願㆒　　（功名富貴は吾が願ひに非ず）

学業不㆑成死不㆑休　　（学業成らざれば死すとも休まず）

という漢詩である。「口占」とは、「くちずさむ、口づてに人に伝える」ことであるが、この場合は、十一月二日に京都を出発するに際して、ふと口ずさんだ漢詩という意味であろうか。

起句の「誤りて空門に入ること二十秋」は、進むべき道を誤って、不本意にも二十年の間、空《くう》門《もん》＝仏門に身をおいたと言う意味で、還俗敢行後の昂揚した精神状態のもとでの、祖淳自身の思いを詠んだ一句なのであろう。

後述するが、祖淳＝介三郎の水戸家仕官は、延宝二年（一六七四）三十五歳の九月である。

そこで「二十秋」「仲冬二」「霜月十四日」などをキーワードとして考えると、祖淳は、承応三年（一六五四）十五歳の時に妙心寺に入ってから　足掛け二十年後の三十四歳（延宝元年）頃のある時期まで、禅僧として仏門に身をおいたと解することができる。

つまり、還俗した祖淳が江戸へ出てきたのは、三十四歳・延宝元年の十一月と結論して、ほゞ間違いはないであろう。

では、祖淳はいつ頃、何歳頃に「則ち豈一日もその形を僧とすべけんや」（「立志論」）という決意を固めるに至ったのであろうか。

前掲の金平宛書簡をみると、次のような一節がある。

「一、拙子《せっし》事内々御存知之通、四五年以来見解出来、仏法見破り申候故、戒律も破却諸事放逸《ほういつ》二罷成《まかりなり》申候」

ポイントは「四五年以来見解出来」である。この一節の解釈については諸説があると思われるが、筆者は、この書簡が書かれたと推定される祖淳の三十四歳頃から四・五年前、つまり二十九歳か三十歳頃に、いわゆる「梵網経《ぼんもうきょう》」中の仏戒に対する疑問が生まれ、その後数年間の苦心研鑽を経ながら厳しい仏教批判の見解が形成され、同時に、当時の現実仏教界に対する失望が加わって、祖淳は遂に還俗へ踏み切ることになったと解釈したい。

ついては具体的な還俗敢行の時期の問題であるが、「立志論」には「仏氏輪廻《りんね》の説、尽く是れ妄《もう》誕《たん》」であることを知り、

「則ち豈一日も其の形《かたち》を僧《そう》とすべけんや。衆に告げて院を出で、衣鉢《えはつ》を毀《こぼ》ちて刀剣を帯び、竺《じく》墳《ふん》(仏教関係の古書)を焚《た》きて魯詁《ろこう》(魯人《ろひと》孔子の教え、論語)を読む」

と、還俗立志とその敢行とをきわめて短期間に行なったように書かれているが、しかしこの文章は、前述したように一種の回想であり、文の勢いから右のような調子で書かれたものと思われ、還俗の時期を推定する史料としては、必ずしも適当なものとは言えない。

そこで再度、金平宛書簡を吟味してみると、

「此中迄ぶらぶらと僧の形ニ而罷在《まかりあり》候……名を先《まず》髪の少しのび申候間ハ祖淳ニ而居申候、来

春ニも成り申候ハ、、何とぞ常体《じょうたい》の男名ニ可シレ仕ルと存候」

と言っていることに注目したい。

即ち祖淳は、衣鉢を毀《こぼ》ち剣は帯びたものの、頭は依然として僧形であり、江戸出府の頃には髪の毛も長く伸びてはいなかったのであろう。とすれば、妙心寺を出て還俗してから江戸出府までの間は、数ヵ月程度で長い期間ではなかったということになる。

祖淳の還俗・立志にかかわる情況等を要約すると、およそ三十歳前後に、その動機とも言える「梵網経」仏戒に対する疑問が生まれ、それから四・五年間の研鑽を経て、三十四歳頃に還俗、続いて江戸出府を実現したということになる。

祖淳が還俗を果たすべく、妙心寺を出た際の情況について、彼の姪《めい》の孫にあたる岡井富五郎の談として、小宮山楓軒著『耆旧得聞』に興味ある話が収録されている。一部原文を交えて、現代語訳で紹介しよう。

宗淳（註、祖淳）は、妙心寺を出て還俗しようとした時、寺の鐘を打ち鳴らして、寺中の衆徒《しゅと》を呼び集めた。衆徒たちは驚いて口々に理由をたずねた。すると彼は、

「祖淳今帰俗《きぞく》シテ儒《じゅ》トナル。仏法モシ儒ニマサランハ各々祖淳ヲシテ屈服セシメヨ、帰俗ヲト、マラン」

と宣言した。そこで衆徒は怒って盛んに祖淳に詰め寄り、あれこれと批難したが、祖淳はそれらを全て論破して、妙心寺を出たということである。

という話が伝わっているという。

祖淳が「立志論」の中で「衆に告げ院を出づ」ということが、岡井富五郎が語っているような形で、実際に行なわれたかどうかは分からないが、祖淳＝介三郎の気性からすると、そのように大仰《おおぎょう》なことも事実やっていたかも知れないとも思われる。

ところで、妙心寺を出た祖淳の生活ぶりは、どんな情況であったのだろうか。前掲の金平宛書簡によると、「戒律も破却、諸事放逸」な生活となったが、世間的には種々難しいこともあって、「此中迄、ぶらぶらと僧の形」でいたという。

しかしこの時期、祖淳は決して無駄な時間を過ごしていたのではなかった。住まいは、京都の東山辺にあったらしいが(金平宛書簡)、仏教書籍を焼き、『論語』など儒教の書物を熟読し、志を確立するために研鑽に励んでいたようである(「立志論」)。

この間、鵜飼金平との親密な交流がもたれ、それぞれの心情を吐露しあったのであろう。

江戸へ出た祖淳の最初の書簡が、鵜飼金平宛であったことやその書簡の内容。また四年後には、介三郎の紹介によって金平も水戸に仕官するに至ったことなどからも、両者の親しい関係がうかがわれる。

ただ、両者の出会いがいつ頃、どんな事情から始まったのか、その点は全く不明である。とにかく、妙心寺を出て俗界にもどった祖淳は、「立志励行、たとえ飢え死に、凍え死にしようとも、それで満足である」（「立志論」、意訳）と厳しい決意を固めたのであった。

三　「立志論」の成立と江戸出府・改名

祖淳の前半生、中でも妙心寺禅僧としての仏門修行の様子や、還俗　立志への研鑽とその事情などを知ることができる大変重要な史料が、彼自身の著作「立志論」である。しかし、その成立の時期については明らかでなく、彼の略伝や関係の研究書に於ても、成立の時期についての記述は皆無といってよい。しかも彼の略伝などは、安積覚兵衛（澹泊）撰「碑文」の、
「遂に立志論を著はし、衣鉢《えはつ》を毀《こぼ》ち髪を養ふ」（原漢文）
という記述に基づいて書かれている。これによると、祖淳は、還俗を決意し、「立志論」を著したのちに、「衣鉢を毀ち」て還俗したように解釈できる。
しかも、青山延于《のぶゆき》著『文苑遺談』には「先大人話」として、

「初め宗淳浮屠《ふと》為《た》るの日、立志論を著はして之を寺門に榜《かか》ぐること七日、竟《つ》ひに之を難ずる者無し、是《ここ》に於て遂に去る」（原漢文）

という話が収録されている。この話によれば、明らかに「立志論」は祖淳が妙心寺を出る前に書かれ、還俗出寺の際に寺門に掲げられたことになる。

これに対し、「立志論」を注意深く読むと、祖淳は還俗立志までの事情を述べたあとで、

「衆に告げて院を出で衣鉢を毀ちて刀剣を帯び、竺墳を焚きて魯誥を読む」

と、自身が「衆に告げて院を出」たことまで書いている。従って「立志論」は妙心寺を出た後で成立したものであることは明瞭であろう。『文苑遺談』に収録されている「立志論を著はして之を寺門に榜ぐること七日」という話も実は単なる言い伝えに過ぎないということになる。

それでは「立志論」は、祖淳の妙心寺出寺以後から、いつ頃までの間に書かれたものと考えるべきであろうか。もし江戸到着の後に書かれたものであるならば、必ずや江戸行の時期や様子なども記されていてよいはずである。ところが「立志論」には、還俗したことまで記述がとどめられており、それ以後の江戸出府についての事は一言も触れていないところがない。

結論としては、延宝元年三十四歳の時、妙心寺を出てから江戸出府までの数カ月間（出寺が何月であったのか不明であるが、それより十一月二日に江戸へ出発するまでの間）に、再度還俗後の自分自身

の志を確認する意味で、京都において書かれたものと考えられるのである。

「立志論」を書き上げた祖淳は、延宝元年（一六七三）三十四歳の十一月二日に京都出発。同月十日に江戸に到着した。所要日数が、東海道九日間というのはかなり早い旅であった。

一般の旅人の場合、京都～江戸間の平均所要日数は十四日間程度と言われている。勿論、駕籠《かご》や馬を利用すれば日数を縮めることは可能である。祖淳がどのような旅をしたのかは不明であるが、禅僧として諸山を遊歴し、厳しい修行をして来た彼にとっては、早足の旅は得意であったかも知れない。駕籠や馬を利用しなくても、九日間という短い旅日数で江戸に到着できたのであろう。ところで「碑文」には、祖淳の還俗と江戸行について、

「衣鉢を毀ち髪を養ひ、名を宗淳と更《あらた》め、字子朴、介三郎と称し、剣に杖《よ》りて江戸に遊ぶ」

と記されている。これによると、江戸出府以前に、すでに名を宗淳、字を子朴、通称を介三郎と改めていたことになる。ところが、前にも紹介した金平宛書簡には、

「名を先髪の少しのび申候間ハ祖淳ニ而居申候、来春ニも成り申候ハヽ、何とそ常体の男名ニ可シレ仕ルと存候」


と記されていて、江戸出府の頃は、未だ「祖淳」と称していたことがわかる。

そこで、関連して延宝二年（一六七四）九月に水戸仕官を果たして以後の、介三郎の名乗りの状況

について少々解説をしておこう。ただし細部の考証はこの際省略する。

(1)【諱の宗淳について】

彰考館蔵の『文苑雑纂』や京都大学文学部所蔵『大日本史編纂記録』（以下『記録』）の署名の様子を見ると、延宝八年（一六八〇）七月頃までは「佐々介三郎直清」と称しているが、同年八月には「佐々介三郎宗清」に改めていることが判る。

そして、二年後の天和二年（一六八二）以降になると、時には「宗清」も使用されたことはあるが、「佐　宗淳」「良峰宗淳」などと、おおむね「宗淳」に変更されている。従って「宗清」から「宗淳」への改名の時期は、天和二年頃と考えてよいと思われる。

結論としては、還俗直後に「祖淳」から「宗淳」に改めたのではなく、はじめ「直清」、次いで延宝八年（四十一歳）の七・八月頃に「宗清」と改め、更に天和二年（四十三歳）以降に「宗淳」と名乗ることになったのであろう。

尚、「宗淳」のよみ方について、一般には「そうじゅん」と音読しているが、雅号や法名ではなく諱であること、そして、直清（なおきよ）→宗清（むねきよ）→宗淳へと改まっているところを見ると、「宗淳」も「むねきよ」と訓んだものと思われ、筆者は「宗淳《むねきよ》」とルビを付すことにしている。

(2)【通称の介三郎について】

延宝六年の京都方面の史料蒐集記録である『求書権輿《ぐしょけんよ》目録』（彰考館蔵）の奥書に、

「此目録延宝戊午《ぼご》歳、板垣真庵《しんあん》佐々介三郎奉《ほうジテ》レ命ヲ造《いたル》二京畿ニ一

……」

と記されているのが、「介三郎」の通称を筆者が確認し得た記録の初見である。

ただし、史料蒐集の実施は延宝戊午（六年）であったことは事実としても、奥書は必ずしも同年に書かれたものとは断定できない。

一方、『文苑雑纂』収録の介三郎の詩文の署名を見ると、延宝八年の部に「佐直清　佐々介三郎」と記されており、『記録』の延宝八年の部にも「佐々介三郎直清」などの署名が確認できるのであるが、『記録』には延宝七年以前の往復書案が収録され

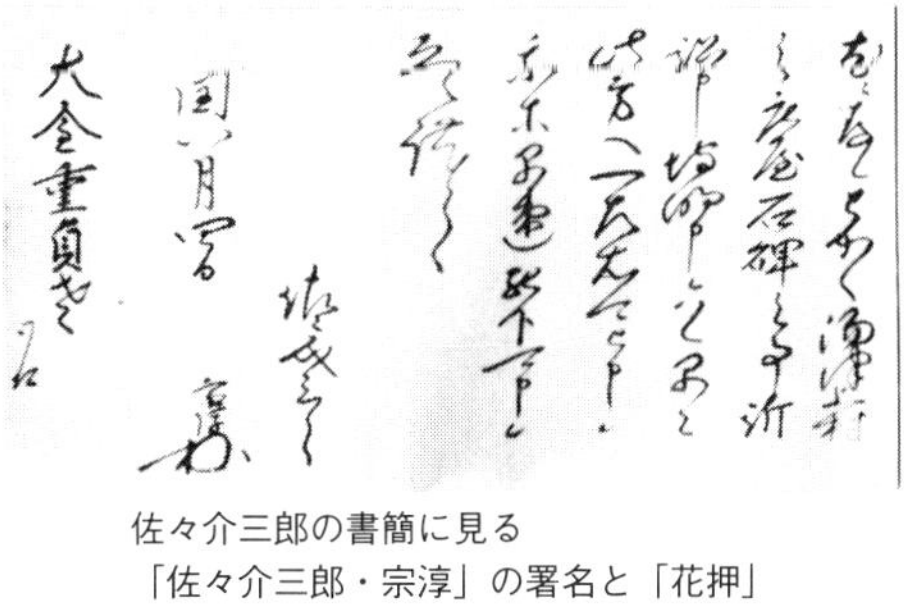

佐々介三郎の書簡に見る
「佐々介三郎・宗淳」の署名と「花押」

ていないので、「介三郎」の使用開始の年代を厳密に想定することは難しい。

しかしいずれにしても、通称「介三郎」の使用の方が、諱の「宗淳」の使用開始より早いことはまず間違いないであろう。

尚、介三郎自身も光圀や史館の同僚達も、時折「助三郎」と書いており、同音異字の使用例もあることを付記しておきたい。

(3)【字の子朴、号の十竹について】

まず「字《あざな》の子朴《しぼく》」は、『碑文』や『文苑遺談』等の伝記類には、ほゞ記載されているが、それ以外で直接的に「子朴」が明記されているものとしては、森尚謙《しょうけん》（儼塾《げんじゅく》）の『儼塾集／巻之三』収録の一文の表題「寄佐佐子朴壬戌歳」（天和二年）に記された「子朴」が、筆者が確認し得た唯一のものと思われ、他に介三郎自身の署名があるかどうかは不明である。

次に「号十竹《じっちく》」については、『碑文』を見ると「晩年号㆓十竹先生㆒」と書かれているのみで、いつ頃から使用したか不明である。墓碑面には「十竹居士佐佐君之墓」と標記されており、その他、逝去後にまとめられたものであろうが『十竹遺稿』・『十竹遺稿補遺』・『十竹斎筆記』等の書名も存在する。

また、『日乗上人日記』の元禄八年十月九日の条には、西山荘の「爐《ろ》の御ひらき祝」で詠んだ次のような介三郎（五十六歳）の和歌が、一首記載されている。

いつしかに　冬たつ夜半は火にむかひ　心をすます　木からしの風　　十竹

その詠み人の名は「十竹」と記されている。こうした和歌などには雅号を用いたこともあったのであろう。

しかし、『常山詠草補遺』所収の「和漢」という俳諧と漢詩とを組合せたものをみると、詠み人《びと》名は「宗淳」と書かれており、数人で漢詩を連ねた『常山聯句《じょうざんれんく》』の、元禄九年頃の句集を見ても「宗淳」と記名されている。

従って、介三郎自身が「十竹・十竹斎」と記した例は、調査不足も否めないが、残念ながら筆者も未だ確認できずにいる。

「十竹」の号は、使用したとしても最晩年のことであって、藩内外の人々に佐々介三郎の雅号として普及することは無かったのではないかと思われるので、安積澹泊や鵜飼錬斎などの雅号と同列に、「佐々十竹」と表記することは、筆者として躊躇《とまど》いの気持ちが強い。

それよりも、諱の「宗淳」または通称の「介三郎」で表記する方がより適切ではないかと考えた上で、本書では、読者の馴染みやすい名前で、という思いから、主として「介三郎」と表記することにした。

四　水戸家（彰考館史臣）への仕官の様子

延宝元年（一六七三）十一月に、三十四歳で江戸に出てきた介三郎の当座の生計は、四兄の佐々小左衛門宗明から援助を受けていたようである（「金平宛書簡」）。また十五歳で妙心寺に入る際に、大小刀（古備前《こびぜん》の二尺三寸・脇差《わきざし》一尺七寸）を「拙子《せっし》兄佐々小左衛門と申候者の方ニ」預けて置いたと、同書簡に記されている。

兄である佐々小左衛門宗明のことであるが、彼は宇陀松山藩主の織田長頼に仕え、当時は江戸詰であったと思われる。『水府系纂』には「与左衛門宗明」と記されているが、これは天和三年（一六八三）に改称した後の通称である。

『（宇陀松山織田藩）御用部屋日記』（部分複写本、宇陀市の成瀬睦氏提供。以下は『御用部屋日記』と略書）の記事を見ると、天和三年閏五月二十日の条に、江戸からの便で、

「佐々小左衛門義　名差合有レ之ニ付　与左衛門と相改《あいあらため》候由申来《もうしきたり》候」

と知らせてきたということが記されている。何か事情があって「小左衛門」から「与左衛門」に

改称したらしい。

つまり、介三郎が還俗して江戸に出てきた頃には「小左衛門」と称していたわけで、「与左衛門宗明」と同一人物であることに間違いはない。尚、同『日記』には、延宝四年四月頃に、名乗りを「宗武」と改めている記事があるが、本書では「宗明」と表記することにしたい。

ところで、三十四歳の仲冬に江戸に出てきた介三郎は、すぐにはその住居も定まらず、取りあえずは村上勘左衛門の長屋に寄宿しながら、儒学を深く学び、「かぶき」を見る代わりに、詩を作ったり手紙を書いたりして徒然《つれづれ》をなぐさめ、深い学問のある人物と接して、真の武士としての生活を確立しようという心構えであったようである。

しかも、その頃すでに仕官の意志もあったらしく、「金平宛書簡」には「仕官もいやとも存ぜず候、時節次第と存じ居り申し候事」と述べているが、その時節は思いの外早く到来した。即ち、水戸第二代藩主徳川光圀の招請であった。『水府系纂』によれば、

「延宝二年甲寅《こういん》九月、義公ニ奉仕ス、切符《きっぷ》ヲ賜テ進物番トナリ史館ノ編修ヲ勤ム」

とあって、介三郎は、江戸出府から一年も経たずして仕官のチャンスに恵まれたことになる。

では、どのような事情で彼の仕官が実現したのであろうか。その辺の事情を探ってみよう。

一般的には(『碑文』、他)、彼の僧侶からの還俗と、佐々成政という武門の血脈に連なる豪快な気

風などに対し、「壮《そう》なり」と光圀が感じたことによるものであると言われているが、それだけの理由で採用が決まったとは考え難い。

禅僧から還俗し、京都を去って江戸へ出てきた介三郎のことを、光圀の耳に入れたのは誰なのか。どのような人物による紹介があったのか。この点については、筆者も長年心がけて調べてはいるが、残念ながら不明と言わざるを得ない。

誰かが、介三郎を光圀に紹介したとして、その次の段階では、著作文の披見の要請があったのではないかと考える。そこで、光圀に呈上されたものが、彰考館蔵『文苑雑纂／二十二』の〈延宝二年の部〉に収録された、

廿三　立志論　佐々清　　廿五　松江復讐録　佐々清

廿六　正明銃説　佐々清　　卅一　詩十四篇　佐々清

の著作文であったのではないか、と筆者は推定する。そしてそれによって彰考館史臣としての介三郎の採用が決定したのであろう。

他の史臣の採用の場合も、ほゞ同様であったと思われる。

例えば大井《おおい》彦介《ひこすけ》（助衛門《すけえもん》貞広《さだひろ》・号松隣《しょうりん》）や多湖源三郎《たこげんざぶろう》（直《ただし》）の採用に際しても、

「大井彦助、多湖源三郎文章、由緒書……大殿様御覧に入申候、……文章御覧遊ばされ直《じき》ニ御

前に留置《とめお》かれ候」（元禄九年七月十日付け、安積・佐々・中村宛大串平五郎書簡）と記されているように、著作文を光圀に呈上させている例が数件記録されていて、史臣採用時の手順をうかがうことができる。

下編　水戸藩「史臣」時代

4 彰考館史臣の活動 I

一 修史事業の進展

祖淳こと佐々介三郎が、禅僧としての生活に別れを告げ、水戸家に仕官して彰考館の史臣となったのは、延宝《えんぽう》二年（一六七四）九月のことであったが、その頃、明暦《めいれき》三年（一六五七）に開始された『大日本史』の編纂事業も、以来十六・七年が経過し大きな転換期を迎えていた。

その一つは、採用される彰考館史臣の人員的増強と、顔ぶれの大きな変化である。

寛文《かんぶん》十二年（一六七二）春には、当初設けられていた本郷駒込《ほんごうこまごめ》邸の史局（現東京文京区弥生一丁目、東大農学部構内）を、上屋敷の小石川藩邸（文京区後楽一丁目）に移転し、新たに史館が造営され「彰考《しょうこう》館《かん》」と命名された。この彰考館の開設は、明暦三年の編纂事業開始以来の大きな改変であり、翌延宝元年（一六七三）から史臣の新採用が活発となっていった。

それまでに採用された史臣の多くは、林家《りんけ》（林羅山《はやしらざん》や鵞峰《がほう》など幕府文教を司った儒者の家）系統の学問を受けた者たちであったが、延宝期に入ると、林家の門流には関係のない、しかも武士の身分に限定せず、医者や僧侶出身の者たちでも、学問見識にすぐれ、修史の任に堪え得る者が史臣として広く採用されるようになってきた。その第一が佐々介三郎宗淳であった。

つまりその頃、光圀は四十五・六歳という学問上でも熟成の時期を迎えつゝあり、加えて、大《おお》串《くし》平五郎（元善《もとよし》）や佐々介三郎、数年遅れて鵜《う》飼金平《かいきんぺい》（錬斎《れんさい》）・権平《ごんぺい》（称斎《しょうさい》）など京都出身者が多く採用されていることなどから、光圀と京都（朝廷・公家）との関係が一層深くなり、光圀が青年時代より影響を受けていた幕府的な林家の思想（特に歴史思想）から、明らかに分離独立しつゝあったことを物語るものであったと言えよう。

その第二には、南朝（後醍醐天皇の吉野朝廷）を正統とする独自の見解が、光圀の胸中にしだいに明確になりつゝあって、広い範囲にわたる南朝関係の史料蒐集が行なわれ、やがて南朝正統論が形成されていったことである。

そのような『大日本史』編纂史上に於ても重大な時期に、史館彰考館の史臣となったのが佐々介三郎宗淳なのであった。

まずは、江戸の史館内に於ける介三郎の仕事について目を向けてみよう。

二　『大日本史』紀伝の修撰業務について

延宝二年（一六七四）九月に水戸藩に仕官した介三郎は、進物番兼史館編修《しんもつばんけんしかんへんしゅう》という役職が与えられた。俸給は知行禄高ではなく切符《きっぷ》（切米・扶持米）であった。

進物番とは藩の進献物を担当する役職で、史館編修は『大日本史』紀伝《きでん》の執筆・校正等をつとめる編纂員のことである。

仕官後しばらくの間は、介三郎の消息がわかるような記録史料は見当らない。

やがて三年半ほど経て、延宝六年（一六七八）四月二十八日、史館勤務は元のとおりであったが、役目の方が小納戸役《こなんど》（藩主近侍の御用向を担当）に転じたことが、『水府系纂／四十七上』に記されている。これが仕官後に於て初めて見ることができる介三郎の正式記録である。

次いで同年十二月十六日に二百石が給せられた。これで、一応は名実共に水戸藩士となったことになる。

佐々介三郎の、水戸藩士・史臣としての公的活動の最大なるものが史料採訪であったことはよく知られていることであるが、このことについては後章で改めて触れることにして、本節では、史臣として基本的かつ重要な業務の一つである「紀伝の修撰」について、介三郎がどのように関与したかということに目を向けてみたいと思う。

『大日本史』は「紀伝体《きでんたい》」という歴史叙述の形態を採用しており、「本紀《ほんぎ》・列伝《れつでん》・志《し》・表《ひょう》」に大別される。その中の本紀は天皇の御伝記、列伝は皇族や諸臣の伝記で、合わせて「紀伝」と称した。「紀伝体」は人物中心の歴史で、「紀伝」がその主力をなしている。

『大日本史』は、明暦三年（一六五七）に編纂が開始されてから、延宝八年（一六八〇）頃までに執筆清書されたものを「旧紀伝」と称し、光圀の満足が得られず天和《てんな》三年頃から、易稿重修《えきこうじゅうしゅう》（原稿を書き改め、再び編修をし直すこと）された「新紀伝」に大別される。

では、介三郎はどのような人物の紀伝を執筆したかということであるが、現存している『大日本史』の草稿本（彰考館蔵）からは、全く判らない。

彰考館蔵の「旧紀伝修撰人名」の十四名中にも介三郎の名も見えるので、「旧紀伝」の修撰に参加したことは事実であると思われるが、具体的なことは不明であり、また「新紀伝」の修撰に於てもまた同様である。

ただ一つ、元禄九年五月十九日付け、佐々介三郎宛中村新八、安積角兵衛書簡（『記録／四十九』）の中に、筆者は注目すべきことが記されていることを知った。一部原文を引用しながら、意訳して紹介してみよう。

「先年貴兄編集被レ成候、源義経《よしつね》伝稿、何方《いずかた》ニ有レ之候哉」、もし覚えておいでならば、どうか教えて頂きたい。……範頼《のりより》や伊勢義盛《よしもり》、継信《つぎのぶ》兄弟などの伝稿も見当りません。しかしこれは、先年編集ができたかどうか明確ではありませんが、「義経伝新六《しんろく》御相手ニ罷成《まかりなり》、慥《たしか》ニ出来申候」、できたのは確かなのに、所在が不明では大変惜しいことであります。何とか尋ね出したいと思っています。」

という書簡の内容で、佐々介三郎が、同僚史臣の日置新六《へきしんろく》(号花木《かぼく》)とともに、「源義経伝草稿」を執筆した旨が記されている。

そこで、史館に於ける介三郎と新六という二人の史臣の勤務動静を考慮した上で、「源義経伝草稿」の修撰時期を検討してみると、概ね貞享《じょうきょう》三年(一六八六)頃から、元禄《げんろく》四年(一六九一)の春頃までの間ではなかったか、と推定することができる。

ところが、その「源義経伝草稿」は、前掲書簡によると、元禄九年頃には、史館に於ても所在不明となっていたということである。その問合わせに対する介三郎の返書が見当らないので断定はできないが、結局は見つからなかったのであろう。

その為、新たに神代園衛門《かじろ》(鶴洞《かくどう》)撰、中島平次・米川弥八書、安積覚兵衛再検で、宝永《ほうえい》三年(一七〇六)に完成したものが、彰考館に現存する「源義経伝　附伊勢義盛　佐藤嗣信・忠信《ただのぶ》　静《しずか》」という草稿本となったのであろう。

介三郎が修撰したという「源義経伝草稿」は残ってはいないが、記録の上で、紀伝修撰業務の一端に、介三郎も関わっていたことが判明したのは有り難いことであった。

この「源義経伝草稿」の他に、介三郎が関係した紀伝修撰があったのかどうかは不明であるが、介三郎の場合は、史料採訪や他の事業などの担当による他出が多かったので、史館に落ち着いて紀伝修撰に従事することは、かなり難しいものがあったと思われる。

三　佐々介三郎の史料採訪蒐集

(1)　出典註記と史料蒐集活動の意義

『大日本史』という歴史書の重要な特色の一つとして、「出典註記《しゅってんちゅうき》」のことが挙げられる。本文中の記事毎に出典史料を明記したり、考証の経過や結果を註記することであるが、これは従前の歴史書等には、ほとんど類例のない、まさに画期的な新しい体裁と称してもよいものであった。出典註記の意義については、光圀もたびたび述べているが、史臣河合正修《かわいまさのぶ》編の『史館旧話』に収載されている光圀の言葉を、原文と現代語訳を交えながら紹介してみよう。

「御平生《へいぜい》史館へ被《レ》二仰付《ケ》一候ハ、大日本史を造事、其方共之可《キ》レ及《ブ》事ニあらず」

――日頃、史館員達へお申し付けになっていることは、大日本史（当時は史記・紀伝等と称されていた）を書くということ、歴史を編纂するということは、そなた達に簡単にできることではない。

「後世ニ才識抜群の人出て、大日本史を撰述せん時ニ」

――後世に本当に素晴らしい才能をもった人が出て、大日本史を撰述しようという時に、

「採択ニも可《キ》レ成《ル》哉《ヤ》と思召《おぼしめし》、この書を御編修被レ遊候」

――採用される根拠となる様な史料や材料を用意する、という考え方でこの書物を編修しているのだ。

「それ故一事一条をも専ニ御決断不レ被レ遊、毎事引用の書を御注シ被二指置《カレ》一候」

――だから、たった一つのことでも、一条のことでも、勝手に解釈するのではなくて、この事はこういう書物から引用しました。これは何という史料・記録に基づいて、この様に書きました。ということをきちんと註をつけておくのである。

と、出典註記の理由を、誠に明解に示されている。

以上のような出典註記のことは、光圀が、「史実」（歴史事実）を明らかにすることによって、歴史の「真実」を正しく究明しようとした実証的態度の表れであり、歴史に対する謙虚な心の顕れと理解することができるのであるが、それは史臣達による熱心な史料採訪蒐集や、京都の公卿をはじめ、各地の諸家・諸社寺などの温かい協力があってこそ成し得たことなのであった。

史料蒐集が、ある種の重要な事業的性格をもち、本格化してくるのは、延宝期に入ってからで、殊に延宝六年（一六七八）の板垣宗憺《いたがきそうたん》と佐々介三郎による京都・奈良方面の採訪調査について、その採訪の成果を記録した『求書権輿目録』（彰考館蔵）の奥書には、

「実是《コレ》我君求書《ぐしょ》之権輿《けんよ》也」――実にこれは「我君」（光圀公）による「求書之権輿」（史料蒐集の始め）である。

と記されている。光圀による本格的な史料蒐集活動の開始を意味するものであったと言える。

そうした史料の採訪蒐集について、徳川光圀の伝記史料の一つである『桃源遺事《とうげんいじ》』には、

「西山公《せいざんこう》（註、光圀）……人を遠国《おんごく》他郷まで遣《つかわ》され、古書記録等を御尋候」

〔割註〕多く左様の事には佐々介三郎を遣され候

と記され、史臣の派遣については、介三郎をもって第一人者として代表させている。

以下、佐々介三郎による史料採訪蒐集の主な旅の状況を年表的に表示してみよう。

○延宝六年（一六七八）　京都・奈良方面〔同行者・・板垣宗憺〕
○　〃　八年（一六八〇）七月　河内の天野山金剛寺→観心寺→奈良興福寺
　　　　　　　　　　八月　紀州の高野山→熊野（新宮・本宮・那智）→京都
　　　　　　　　　　九月　吉野吉水院→奈良（春日大社・東大寺）→大坂住吉→京都
○天和元年（一六八一）六月　奈良東大寺→京都大徳寺など各所→醍醐三宝院→再び奈良
　　　　　　　　　〔同行者・・吉弘左介・鵜飼金平・内藤甚平・秋山八兵衛〕
○　〃　三年（一六八三）三月　須賀川（福島県）の相楽家
○貞享二年（一六八三）四月～十一月　九州・中国・北陸方面〔同行者・・丸山可澄〕
○元禄五年（一六九二）夏　京都・奈良方面（湊川楠公碑建立と併行及び終了後）

等々であった。

(2)　延宝六年の京都・奈良方面採訪

延宝六年（一六七八）の史料採訪は、前節で紹介したように、光圀の命による最初の本格的な史料蒐集活動で、派遣されたのは佐々介三郎と板垣宗憺《そうたん》（真庵《しんあん》）の史臣二人であった。

その旅は、殊に介三郎にとっては、彰考館史臣として仕官以来初めて体験する公的活動の場であったわけであるが、それは同時に、彼の旅人生の再開でもあったと言える。

つい五年前まで住んでいた京都であり、禅僧修行のために訪ねたことのある南都《なんと》(奈良)というゆかりの地であった。今は、水戸の二代藩主徳川光圀に仕える歴《れっき》とした武士であり史臣である。彼はどんな思いを懐いて京の都の土を踏んだのであろうか。

ただ、残念ながらこの延宝六年の採訪行の詳しい状況については、往復書案も残っていないので判らないが、『求書権輿目録』によれば、京都の日野家、飛鳥井家、東寺文庫など。奈良の二条寺主家や一乗院門跡《もんぜき》家などの、畿内の諸家・社寺を中心に、史料の新写・校正等かなりの成果を得たようである。

この延宝六年の京都・奈良派遣は、史料の採訪蒐集という業務について、介三郎自身にとっても大きな自信となり、また『大日本史』編纂事業の統括者である藩主光圀の、史臣介三郎に対する信頼感を深める重要な意味を持つものとなったと考えられる。それが以後の、史料採訪派遣につながっていったのであろう。

(3) 延宝八年・天和元年の関西採訪

【河内・奈良方面採訪】

この時の採訪行は、延宝八年（一六八〇）と天和元年（延宝九年・一六八一）の二回にわたって、それぞれ別行で実施された。

第一回目は、延宝八年六月中頃、介三郎（四十一歳）が上京した時に始まる。京都から大坂に向かい、まず七月六日に南河内（大阪府南東部）天野山金剛寺《あまのさんこんごうじ》の本多飛騨守《ほんだひだのかみ》菩提所《ぼだいしょ》「摩尼院《まにいん》」を訪ねた。目的は、同院所蔵の『楠《くすのき》記《き》録《ろく》』（二十一冊）の閲覧調査であった。

ところが住職は当初、頑《かたく》なに閲覧を拒否していたが、介三郎の懇願が通じて見せてもらうことができた。しかし同書は全くの偽書《ぎしょ》で、全然役に立たないものであることがわかった。

次いで、介三郎は河内観心寺《かんしんじ》（河内長野市）→誉田八幡宮《こんだはちまんぐう》（羽曳野市）→上之太子《かみのたいし》（太子町）→道明寺《どうみょうじ》（藤井寺市）→藤井寺（同市）などを廻り、七月九日南都（奈良）に入り、翌十日に興福寺一乗院門主を訪ねた他、しばらくは奈良に滞在して諸寺を採訪したのち、一度は京都にもどったようである。（以上、『記録／二三二』所収の佐々書簡及び「南都御用之覚」）

その後、八月二十四日に京都を発った介三郎は足を高野山へ向けた。荷物持参や筆耕担当の従者数名は同伴していたであろうが、採訪調査の史臣は、介三郎一人であったと思われる。

【高野山採訪＝高野山文書の調査】

「紀州筋御用之覚書」（『記録／二三二』）によれば、高野山には十八日間滞在し、山内の諸院を訪ねて史料の閲覧蒐集を実施したが、中でも「弘法大師御影堂《みえどう》文庫」の記録文書の調査は重要であった。高野山では、同文庫の文書等について、昔から堂外不出の制法があったが、

「殿様（註、光圀公）御用之義ハ各別之事ニ御座候」

ということで全山の協力があり、南谷の釈迦文院まで大箱三つに入れた記録文書を運んでくれたので、僧侶二人が立合い、二日はどゆっくりと閲覧し、「後醍醐天皇と長慶院《ちょうけいいん》の宸筆《しんぴつ》御願文・綸《りん》旨《じ》・院宣《いんぜん》・武将の書簡」など修史に役立つ史料を手写したが、御影堂以外の諸子院に所蔵されている史料についても収穫があった。

この介三郎による高野山内の文書史料の調査が契機となって、のちに「高野山文書」と称される有名な史料の集成が行なわれた。（東京大学史料編纂所発行『大日本古文書』に収録）

高野山大学教授や皇學館大學教授を歴任された故久保田収博士の研究論文「高野山における歴史研究」（『近世史学史論考』所収）にも、

▽「宗淳（註、介三郎）の高野山訪問は、かなりの収穫をえて、『大日本史』編纂に貢献したのであるが、これは水戸だけではなく、高野山にとっても、重要な出来事であった」

▽「宗淳の来山と、彼による古文書類の調査は、史料としての文書の重要性を明らかにしたに違ひない」

と、「高野山文書」が世に出る元になったのは、介三郎の調査にあったということを明らかにされている。わが国の古文書学史上においても、特筆されてよい水戸の、そして史臣佐々介三郎宗淳の功績であったと言えるであろう。

尚、この時期（延宝八・九年）の採訪史料集である『南行雑録《なんこう》』には、高野山での蒐集史料について、子院が所蔵者の場合は金剛三昧院《こんごうさんまいいん》・高祖院・高室院・成慶院など記されているが、御影堂文庫所蔵の場合は、全て「蔵在高野山金剛峰寺《こんごうぶじ》（文庫）」の名称で収録されている。

【紀州熊野・那智採訪】

高野山（十八日間滞在）での調査を終わった介三郎は、十津川《とつがわ》を経て紀州熊野《くまの》へ入り、本宮《ほんぐう》（宿＝竹之坊）・新宮《しんぐう》（宿＝町屋）・那智《なち》（宿＝実方院）を訪ね、主として南朝関係の史料蒐集を行なったが、加えて、那智から五里ほど山奥に色川《いろかわ》村という山村があり、そこに平維盛《たいらのこれもり》の子孫が住んでいて、文書を所持しているとの情報を得た。

そこで介三郎は直ちに色川村を訪ねようとしたが、新宮の留守居衆から「非常に険阻《けんそ》な道筋で、慣れないあなたの足で色川村に入るのは危険であるから行かない方が良い。色川村の庄屋（実は平維盛の子孫で色川氏を称す）に持参させるから」というので色川村行きをやめ、那智大社で庄屋が持参してくれた文書を閲覧調査し、数種の史料を写し取っている。

熊野の本宮・新宮・那智の調査が終わった介三郎は、その後どのような道筋をたどったのか不明であるが、諸処の古寺古社を訪ねて史料蒐集を行ない、和歌山城に近い日前宮《にちぜんぐう》へ立ち寄って九月三日に京都に帰ってきた。

八月二十四日に京都を発って高野山→熊野本宮・新宮・那智→和歌山日前宮と巡った行程であったが、閏八月（三十日間）が間にあったので、都合四十日間という長旅であった。

（以上、佐々介三郎書簡「紀州筋御用之覚書」「熊野道中御馳走之覚」による）

この時期の採訪史料集である『南行雑録』には、那智実方院・本宮竹坊家・新宮文庫・色河邑色河家・色川郷清水角大夫平盛成《たいらのもりなり》家・日前宮神主家紀氏《きし》家などの所蔵する史料が採録されている。

【吉野山採訪】

紀州熊野・那智方面の採訪を終えた介三郎は、九月三日に京都に戻り、数日間は蒐集史料の整理などを行なっていたようであるが、九月二十日には、またまた旅支度を整えて京都を旅立ち、吉野山に入った。

吉野には十日間ほど滞在して吉水院《よしみずいん》（江戸時代は寺院であったが、明治八年に吉水神社に改まった）を中心に調査を行なった。

吉水院は、吉野執行職《しゅぎょうしき》（寺務等を管掌する職）をつとめ、かつては、後醍醐天皇の行宮《あんぐう》にもなった由緒ある寺であったため、南朝関係の綸旨《りんじ》等が保存されていたので、それを介三郎は写し取っており、『南行雑録』には、吉水院所蔵の史料が十九通ほど収録されている。

現在の吉水神社には、（延宝八年）十月十八日付け吉水院宛の光圀書簡が保存展示されているが、内容は、家来佐々介三郎（書簡では助三郎）の史料採訪に際して、秘蔵の文書記録などを借覧させてもらったことに対する謝意と、更に一段の便宜をはかって頂きたい旨の願いを込めた礼状で、感謝の印として時服一襲《ひとかさね》（季節の衣服一揃い）を添えて贈る、という光圀の鄭重な心遣いが示された書簡である。

十日間ほど吉野での調査を行なったあと、介三郎は京都には帰らず、そのまゝ奈良へ赴き、延

宝八年としては、奈良での二度目の史料蒐集を実施し、

◇春日大社《かすがたいしゃ》の社家春日若宮神主中臣氏《なかとみ》所蔵の「古葉略類聚鈔《こようりゃくるいじゅうしょう》」（建長二年写し）

◇東大寺の「東大寺要録」（正式調査は翌九年）◇興福寺明王院の「興福寺略年代記」

などの史料を一覧し、一部を写し取っている。

次いで十一月三日に奈良を発って大坂の住吉へ廻り、六日に京都へもどってきた。

介三郎は十二月中頃までは、いろいろと所用があって在京していたが、延宝八年の暮頃か、延宝九年に年が改まってからか判然とはしないが、とにかく江戸へ帰ってきたようである。

やがて、介三郎は再び命を受けて五月二十日頃に江戸を旅立ち、上京することになった。

【二回目の関西派遣＝東大寺文書の調査】

佐々介三郎など史臣達による奈良方面の史料採訪は、数回にわたって実施されているが、その中でも特に注目すべきは、延宝九年（天和元年・一六八一）の東大寺油蔵《あぶらぐら》の文書記録の調査であった。「往復書案」や「両京日記」（『記録／二三七』）等の記録によれば、介三郎は、五月二十日頃に同僚の吉弘《よしひろ》左介元常《もとつね》と共に江戸を発ち、六月三日に京都に到着した。

前回延宝八年の採訪は、従者は別として、調査担当者は介三郎一人であったのに対して、今回

は、佐々介三郎と吉弘左介を中心に、当時在京の鵜飼金平真昌《さねまさ》（号錬斎）や内藤甚平貞顕《さだあき》が参加し、時折り秋山八兵衛久積《ひさつむ》も同道した。

まず六月二十二日に東大寺油蔵（油倉）の調査から開始した。油蔵には、唐櫃《からびつ》二合に入れられた数千通の文書が収納されていた。主なものを挙げると、

太政官符《だいじょうかんぷ》／弁官下文《べんかんくだしぶみ》／綸旨《りんじ》／院宣《いんぜん》／令旨《りょうじ》／御教書《みきょうしょ》／東大寺奴婢《ぬひ》帳／観世音寺《かんぜおんじ》資財帳／東大寺正税官物《しょうぜいかんもつ》等之帳／封戸《ふこ》帳／東大寺要録《ようろく》・続要録／その他の古文書・古記録など。

で、それは古文書学史上でも貴重な『東大寺文書』であり、初めて日の目を見たのであった。

延宝九年六月二十三日付け史館衆宛内藤・佐々・吉弘書簡（『記録／二二九』）によれば、

「此蔵之義者古来開き申事稀《まれ》ニ御座候」――この蔵を開くことは極めて稀で、開いた時でも八幡祭礼や法事の道具を出す程度で、文書については取り出すこともなかったので、

「寺僧衆も此度初而披見《ひけん》仕《つかまつり》たる事ニ御座候」――寺の僧侶達も、初めて油蔵の文書というものを見たということであった。

しかも、調査の前に、介三郎達が東大寺の上生院・宝厳院・尊光院へ挨拶に行ったところ、

「油蔵の記録はもちろん、その外の寺中の記録等も残らずお見せ致します。願わくは、御用に役立つようなものが、少しでも有れば寺の威光にもなりますので、是非、役に立つ史料が

あって欲しいと願っております」（意訳、同右書簡）

と、積極的に調査に役立つことを願い出ており、「東大寺執行所日記《しゅぎょうしょ》」延宝九年六月の条にも「殿様へ之御奉公且又各寺ノ眉目《びもく》ニ御ざ候」と記されていて、東大寺側も、水戸様の命を受けた介三郎達の調査に協力できることは光栄、名誉なことであると受けとめていたようである。

これらの文書記録のうち、紀伝編修に役立つと思われた主なものは、筆耕四人を雇い、善性院において手写がなされた。

この所謂「東大寺文書」も、「高野山文書」と同様に『大日本古文書』に収録されていると考えられるのであるが、東大寺の油蔵文書は、『南行雑録』には収録されていないので、介三郎らが調査した油蔵の文書が、具体的にはどのような形で、「東大寺文書」として『大日本古文書』に収められているのかは、残念ながら不明と言わざるをえない。

東大寺油蔵などの調査が終了すると、引き続いて七月中は興福寺や薬師寺など奈良の諸寺の採訪を行なっていたが、中旬頃に京都へ帰った。その後は醍醐三宝院《だいごさんぼういん》の『醍醐雑事記』を写すなど京都近辺の調査蒐集を実施し、九月末頃には、介三郎や吉弘左介を中心とした延宝九年（天和元年）の関西史料採訪は終了し、介三郎は十二月中頃に江戸に帰ってきた。

そして、江戸帰着後のこの月、介三郎は百石を加増されて禄高三百石を賜ることになった。

【介三郎と故郷宇陀】

ところで、延宝八年および天和元年における史料蒐集の採訪地は、主として奈良や吉野・高野山などであった。

前にも紹介した（本書24頁）が、介三郎は書簡の中で、

「室生山《むろうさん》の儀、介三郎故郷宇陀《うだ》より五里御座候」（『記録／十二』元禄三年二月十一日付け）

と書いている。介三郎にとって宇陀の地は故郷であった。つまり、採訪地の奈良や吉野から、父や兄弟の住む宇陀までの道のりは、二十〜三十㎞程度の距離であるから、介三郎が宇陀の地を訪ねたであろうことは、十分考えられることではなかろうか。

松山織田藩の『御用部屋日記』を見ると、延宝八年霜月（十一月）九日の条に、

「義斎《ぎさい》、殊之外老衰ニ為《な》らせられ……」

という記事がある。「義斎」とは、介三郎の父佐々与三左衛門直尚《よそうざえもんなおひさ》のことで、当時八十三歳の高齢であった（「義斉」という記録も多いが、この文書からは「義斎」と判読出来る）。

この年延宝八年六月以来、介三郎は史料採訪のために関西地方に来ており、十一月九日頃は在京中であった。勿論『記録』所収の往復書案には、史臣の私事にわたることは、重要なことでな

い限りは記されることはなかったであろうが、介三郎はこの時期、宇陀に住む父義斎の元を訪ねているのではないか、という思いが筆者には強くある。

加えて、佐々家墓地のある曹洞《そうとう》宗法正寺《ほうしょうじ》（大宇陀区上新）の位牌等の記録（成瀬睦氏提供）によれば、翌延宝九年（天和元年）正月廿五日に、義斎は八十四歳で亡くなったと記されている。これに対し、延宝九年二月廿二日付けの鵜飼金平宛佐々介三郎書簡（『記録／一三三一』）では「先月廿六日」となっている。書簡には、

「拙子事先月廿六日ニ老父宇陀に於て天年《てんねん》を終へ申候、夫れに就き忌中《きちゅう》引き籠《こも》り罷在《まかり》候、限り有る人生と申せ、其上八十四歳ニ候へハ、とりとどむべき様之れ無き事ニ候へとも、親子の情合《じょうあい》、更に残り多き事計りニ候、其段御推量成され下さるべく候」（原一部漢文）

と記されており、老父逝去の事実と、父を慕う介三郎の思いを伺うことが出来るのであるが、忌日は正月廿五日なのか廿六日なのか。位牌等に記された廿五日が正しいのであろう。

次いで『御用部屋日記』の同年三月七日の条には、

「佐々義斎家やしき、今日明《あき》候而請取申役人村中内仁太夫 村井善兵衛」

と、亡くなった介三郎の父義斎（直尚）が住んでいた家が、役人により接収されたことが記録されている。

尚、介三郎の母（熊本の大木織部《おりべ》兼能《かねよし》の次女）は、十年前の寛文十一年（一六七一）六月十日に亡くなっている（介三郎三十二歳の時）。

宇陀における佐々家は、義斎の長男与三左衛門勝朗《かつあき》が家督を相続したようであるが、延宝四年（一六七六）四月に京都で病死（五十二歳）しており、その後は、すでに藩主長頼に仕官していた四男の小左衛門宗明《むねあき》（のち与左衛門宗武《むねたけ》と改名）が相続し、江戸詰めであった（元禄元年三月に江戸で病歿、五十七歳）。

その後の宇陀松山における佐々家のことについては、前述の「家系と生い立ち――三　宇陀松山織田家と佐々直尚一族」（27頁）を参照して頂くことにしたい。

更に一件、松山織田藩の『御用部屋日記』には興味深い記事が記されている。

それは、「水戸様ぇ山椒魚《さんしょううお》五つ二桶《おけ》」という天和三年（一六八三）十一月七日付けの記事で、添え書きによると、水戸様御用ということで、佐々介三郎（同日記では、助三郎）から、松山織田藩士の佐々与左衛門（兄の宗明＝宗武）を介して依頼があったので、「奥郡《おくぐん》へ申付」けて、同藩用人頭の中山助之進より書状を添え、京都の水戸家留守居役へ送り届けることにしたという記事である。

次いで、同月十一日付け記事には、「水戸様御蔵屋敷へ遣ス山椒魚」を中内新左衛門が持参し、御蔵屋敷衆から中山助之進宛に返事が来た旨が記されている。

それから七年後の元禄三年（一六九〇）五月二十五日にも「山椒魚」の記事がある。

「一　水戸様御用ノ山椒魚今日京都迄遣、△山椒魚十四本　二桶二入」

と、水戸家の京都御留守居秋元佐五衛門・佐藤久兵衛方へ、郡奉行からの書状を添えて、足軽一人と荷物（二桶）運び役四人で送り届けることになった、と記されている。

水戸家留守居役に届けられた山椒魚は、天和三年に五本、元禄三年には十四本である。

その山椒魚は、宇陀地内の何処で捕獲されたものなのか。棲息地の具体的地名は？

前掲『日記』の「奥郡へ申付」とあるが、「奥郡」の具体的な地名等は記されていない。『新訂大宇陀町史』を見ると、僅かではあるが「奥郡と呼ばれた曽爾《そに》・室生《むろう》・御杖《みつえ》」との解説があり、『日記』の貞享四年九月九日には、「奥郡大風雨……山糟《やまかす》村、神末《こうずえ》村、今井《いまい》村」という記事がある。

以上から推定すると、現在の宇陀郡曽爾《そに》村山粕《やまかす》、同御杖《みつえ》村神末《こうずえ》、同曽爾《そに》村今井《いまい》など、宇陀郡東部の三重県に近い奥宇陀山地の中央部に位置する地域が該当するのではないかと思われる。

江戸時代には、自然豊かな、清らかな水の流れる宇陀の奥地では、「山椒魚」を捕獲することができたのであろうか。筆者の知人で、宇陀出身の人の話では「若い頃に、近所のおじさんが山椒魚を捕まえたという話を聞いたことがある」ということであった。

『新訂大宇陀町史』通史編の第3章・第四節に掲載の「年表」(表17信武の時代)には、

元禄三(一六九〇) 五・二五「水戸様御用」の山椒魚一四匹を送る

八・六「水戸家御用山椒魚」の礼物届く

との記載はあるが、天和三年十一月に「山椒魚五つ二桶」を水戸家へ送ったという記事は記されていないし、山椒魚の捕獲地についての明確な記述は見当らない。

また、同通史編の「第五節　松山藩ゆかりの人々」には、佐々介三郎宗淳の略歴と宇陀との関係、及び「図6佐々介三郎宗淳関係略系図」も掲載されているが、「山椒魚」のことは全く触れていない。更に、同史料編にも「山椒魚」に関する史料等は収録されていない。

現在、頒布されている宇陀市の観光案内、大宇陀商工会のホームページ、旅行会社のPR用パンフレットにおいても、宇陀の「山椒魚」に関する情報の紹介記事は皆無と言ってよい。

大宇陀町史の編集委員であった成瀬睦氏が、平成三年九月に編集印刷(私家版)された『新編和州宇陀松山織田藩関係年表』には、天和三年十一月七日・元禄三年五月二十五日・同八月六日の「山椒魚」関係の記事が記載されているが、同書にも捕獲地のことは記されていない。

宇陀地域での「山椒魚」の棲息、捕獲の実態はどのようなものであったのであろうか。

ところで、宇陀市から約二十五㎞ほど北東に位置する、三重県名張《なばり》市の「赤目《あかめ》四十八滝」で有名な赤目地区には、現在「日本サンショウウオセンター」がある。

同センターを管理する「赤目四十八滝渓谷保勝会」の管理主任池住和憲氏の教示によれば、同センターでは「オオサンショウウオ」を中心に種々の「山椒魚」が飼育されており、宇陀の「山椒魚」のことは判らないが、もし棲息していたとすれば地域的な特性から見て、赤目地区と同様に「オオサンショウウオ」であろうとのことであった。

赤目地区は、古来から山椒魚の生育地として知られており、宇陀の「奥郡」というのも、隣接する赤目地区（藤堂家《とうどうけ》領）やその周辺をも含んでいる、と考えてみることは如何であろう。

その「山椒魚」に関する水戸家側の記録を探ってみると、光圀の伝記逸話を集めた『桃源遺事／巻之五』に、国内外の各地から取り寄せた草木虫魚禽獣類の一覧が収録されているが、その中の「介《かい》並魚《うお》之類」に、「鯑魚《サンショウウオ》［割註 水戸の御城の御堀に御はなち候」」と記された一項がある。「鯑魚」は「山椒魚」のことである。

水戸城の御堀に放されたという「鯑魚」が、天和三年または元禄三年に、宇陀松山の織田家から、京都留守居役→江戸→水戸へと送り届けられた「山椒魚」であったかどうかの確証はないが、水戸家の佐々介三郎と故郷宇陀とを結ぶ逸話として、興味深いものがある。

(4) 天和三年の須賀川相楽家採訪

介三郎の史料採訪は、関西方面や九州・中国・北陸地方など、概《おおむ》ね江戸より西の地域で行なわれているが、天和三年（一六八三）に実施された須賀川《すかがわ》（現福島県須賀川市）の相楽家《さがらけ》蔵「結城文書《ゆうきもんじょ》」の調査は、後述する元禄四・五年の那須国造碑修復等の事業を除いては、江戸や水戸からみて、唯一、北の地域で行なわれた採訪であった。

史臣達の採訪情況を明らかにできる重要な史料と言えば、『記録』所収の往復書案なのであるが、実は天和三年の採訪調査に該当する時期（天和二年～三年）の書簡が欠落している。

そこで昭和五十年十一月以来の調査結果をまとめられた、当時の国士舘大学教授村田正志氏の報告書『相楽家蔵結城文書の概要及び解説』（昭和五十四年三月発行。以下『相楽家文書解説』と略書）を参考にさせて頂いて、介三郎による天和三年の相楽家蔵「結城文書」の調査の概略を紹介することにしたい。

相楽家蔵「結城文書」は、現存三十通で二巻（第一巻は十七通、第二巻が十三通）に収められている。内容は、二十五通が北畠親房《きたばたけちかふさ》から結城親朝《ゆうきちかとも》に宛てた文書。残りは足利尊氏の書状など五通である。

介三郎が光圀の命をうけて相楽家採訪を実施したのは、第一巻／十七号文書（足利尊氏自筆書状）の末尾に記された、相楽定隆《さがらさだたか》（一名貞隆、通称七郎左衛門）の奥書によれば、

「水戸侯天和三年三月、遣シ二家士佐々介三郎ヲ一、訪ネ二求ム譜籍ヲ一、既而同年四月八日還《かえ》スレ之ヲ時、附《ふ》シ賜フニ以テス二羽織一領ヲ一　定隆書」

と記されていて、天和三年三月に相楽家を訪ねた介三郎は「結城文書」を借り入れ、四月八日にお礼として藩主光圀からの羽織一枚を添えて返却した、ということであった。

この相楽家所蔵の「結城文書」と彰考館蔵の同文書との照合検討については、本書では割愛するが、村田氏の『相楽家文書解説』によれば、介三郎が史料採訪を実施した頃の相楽家蔵の「結城文書」は第一巻分の十七通だけで、他の十三通は、結城氏一族諸家に伝存したものが、江戸時代末期以降に相楽家に流入するに至ったものではないか、と推定されている。

尚、介三郎の採訪時期について、右の定隆の奥書では「天和三年三月」と記されているが、彰考館蔵の相楽家蔵「結城文書」（『諸家文書（纂）』収録）の十二号文書の奥書には、

「……於テ二奥州須賀川驛ニ一写スレ之ヲ、相楽七郎右衛門貞隆家蔵也、亥二月十七日」

と記されて、採訪時期が天和三年の「三月」ではなく、「二月」であった可能性も出てくることを付記しておきたい。

ところで、村田氏の解説によると、この相楽家蔵「結城文書」については「三十通すべてが原本ではなく影写《えいしゃ》であり、原本は光圀に召取られて同家には存在しない」という謬説《びゅうせつ》が、「まことしやかにかなりひろく伝えられてきた」ということであった。

しかし、昭和五十年十一月以来の村田氏などによる調査鑑定の結果、三十通いずれも原本であることが判明して、右の言い伝えが「誤り」であることが明らかにされたのであったが、加えて、その裏付け史料として「（天和三年）四月八日付け相楽七郎兵衛宛、佐々介三郎宗淳自筆書状」を発見された。同書簡の要点を意訳して紹介しよう。

「先頃（天和三年二月か三月頃）は、初めてお目にかかり、大変お世話になりました。その折りに〔写取申候御家蔵之文書〕を、宰相殿《さいしょうどの》（主人徳川光圀）が御覧になって満足に存ぜられ、その謝礼の気持ちとして羽織一領を贈りたい、ついてはその旨を拙者（介三郎）から貴殿に伝達するようにとの御意でありますので、この度、書簡を以て申し送ります」

という趣旨で、光圀が披見したのは原本ではなく、介三郎筆写の文書であったわけである。

尚、光圀から贈与されたという羽織一領は、村田氏の調査及び相楽家当主の談話（昭和六十三年当時）によれば、相楽家には現存していないとのことである。

以上が、天和三年に実施された介三郎の相楽家蔵「結城文書」の採訪調査の概要である。

(5) 貞享二年の九州中国北陸採訪

天和三年（一六八三）の須賀川相楽家採訪のあとは、大がかりな採訪行はなく、しばらくの間介三郎は江戸の史館に勤務していたが、二年後の貞享二年（一六八五）四月末、再び光圀の命をうけて、九州・中国・北陸地方へのこれまでにない長期の史料採訪に派遣されることになった。同伴者は史臣の丸山雲平可澄《まるやまうんぺいよしずみ》（一六五七〜一七三一）であった。

この貞享二年の採訪行の派遣メンバーについて、『水府系纂／四十六上』の「秋山八兵衛久積《ひさつむ》」の条に、

「命ニ依テ（貞享）二年乙丑四月今井小四郎将典、佐々介三郎宗淳、藤川雲八正通、吉弘左介元常、丸山雲平可澄ノ輩ト倶に九州中国北国ノ名山古蹟寺社の旧記を尋求メテ奉ル」

と記されていることから、佐々介三郎と丸山可澄（通称雲平よりも諱の可澄が知られている）の他に、今井・藤川・吉弘・秋山らも共に派遣されたように誤解されてきたようであるが、実は秋山以外の人々の『水府系纂』の記事には、全く貞享二年の派遣のことは記されていない。

そこで、河合正修編の『史館旧話』や丸山可澄著の『筑紫巡遊日録』、及び『筑陽博多津要録《ちくようはかたつ》／巻之四』（福岡県文化会館図書部所蔵・写本）、その他の関係史料を検討してみた結果、

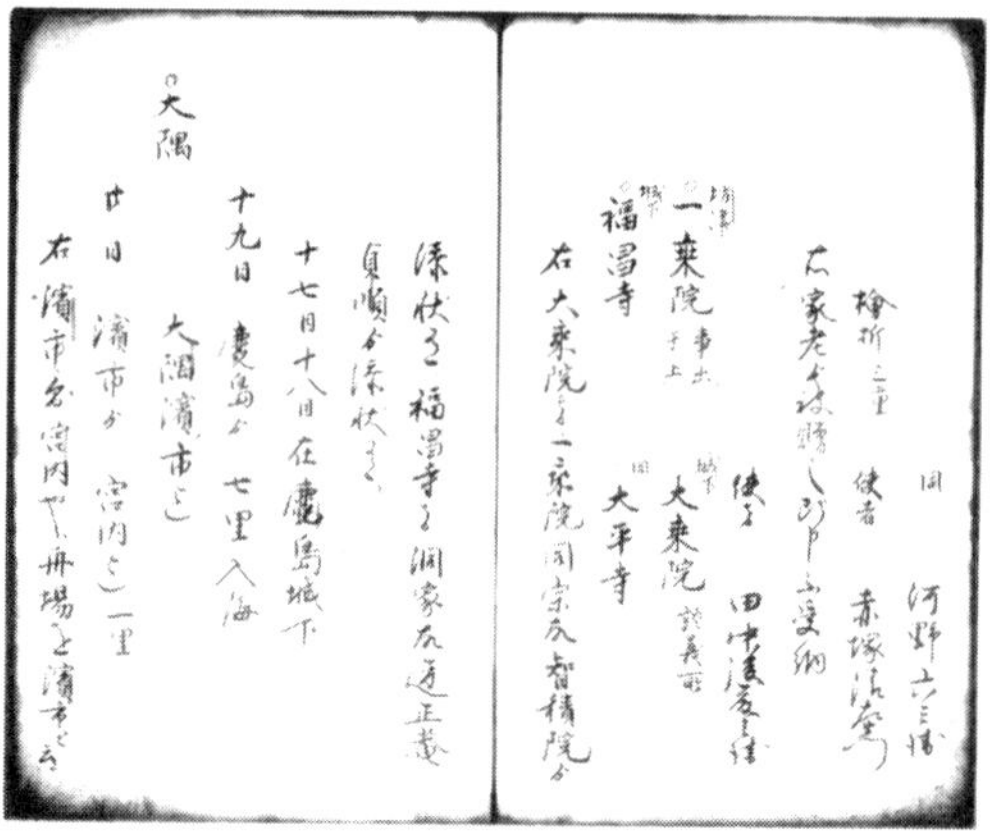

丸山可澄著『筑紫巡遊日録』（国立国会図書館架蔵）

① 貞享二年の九州・中国・北陸方面の史料採訪に派遣された史臣は、佐々介三郎と丸山可澄の二人であって、今井・藤川・吉弘・秋山らは派遣されていないし、また同地域への別行での採訪もなかったと結論したい。

② 尚、採訪行の総勢は、介三郎・可澄の他に筆耕や荷役の仲間などの主従を合わせて九人ほどであったと思われる。

ということで、話を進めて行くことにしよう。

さて、佐々介三郎と丸山可澄の一行は、四月二十六日（新暦五月二十八日）に江戸を発足して、五月六日に京都に到着した。

その後は、約二十日間京都に滞在していろいろな準備を整えたが、中でも、採訪予定地の諸社寺については、前もって、それぞれの関係方面からの紹介状を貰ったり、史料閲覧の許諾の取り付け等もしなければならず、日々その準備作業に追われたようである。

と同時に光圀からも、関係の本山や社家に対して史料閲覧を依頼する書簡が出されている。例えば、播磨《はりま》（兵庫県）の書写山《しょしゃざん》・法華山《ほっけざん》・増位寺《ますいじ》・斑鳩寺《いかるがじ》・如意山寺《にょいさんじ》、伯耆《ほうき》（鳥取県）の大山寺《だいせんじ》、越前（福井県）の平泉寺《へいせんじ》などについては、京都の円覚院《えんがくいん》宛に、介三郎一行が江戸を出発した四月二十六日付けの書簡を以て、

「然者今般家来佐々助三郎と申者、中国西国条へ差下候、御末寺之所々へ参入候而旧記等披見《ひけん》仕《つかまつり》候様ニ願存候、此段被レ達セ二高聴ニ一、自二貴老一、被レ相ヒ二副ヘ御状一可レ給フ候、委曲《いきょく》此者口上《こうじょう》ニ可クレ申ス候」（『水戸義公全集／下』所収「水戸義公公卿御書留」）

と予め依頼し、更に介三郎達が大坂から船出した後の六月五日付けで、同じ円覚院に対して、

「然者今般家来佐々介三郎諸所へ指越候付、奉リレ願ヒ候儀被レ達セ二高聴ニ一、方々御末寺へ従リ二貴老一被レ添ヘ二御状ヲ一、旧記等一覧申様ニ被二仰セ遣ハサ一之由、忝《かたじけなく》奉リレ存ジ候」

と、諸方面に紹介状を用意し、史料閲覧の便宜をはかるように命じてくれたことに対し、早速礼状を発送している。これは、他の紹介・周旋の労をとってくれた人々などへも同様で、六月九日付けで、同趣旨の礼状を光圀名で書き送っている。

このような準備を整えた上で、五月二十七日に京都を発って大坂に向かい、六月一日に大坂から船で瀬戸内海を九州に向かった佐々介三郎と丸山可澄の一行は、九州・山陰・山陽・北陸・東

海の凡そ四十五ヵ国、海陸一千四十里余（約四、一六〇km）を巡歴し、同年十一月六日に江戸に帰着するまで、約半年間の大がかりな史料採訪の旅を成し遂げたのであった。

この採訪行については、介三郎の史館への報告書簡「西国御用状留《さいごくごようじょうどめ》」（『記録／五』）や同行の可澄が記した『筑紫巡遊日録《つくしじゅんゆうにちろく》』（国立国会図書館架蔵、可澄の自筆本と推定）、及び河合正修編『史館旧話』所収の「国々ニ而案内馳走荒増《あらまし》左ニ記之」などの記録によって、旅の情況を知ることができる。

以下は、主として『筑紫巡遊日録』（『日録』と略書）と「西国御用状留」とを元にして、大方の道筋をたどってみたいと思うが、『日録』に記された当時の地名文字は、必ずしも正確なものとは言えず、可澄の聞き違えや誤記等も多くあり、また現在は使われていない地名もあると思われる。そこで現在の地名と文字表示などが異なるもので、筆者が確認できたものは、（ ）書きで記し、異同のないものや不明のものは『日録』記載のまゝ表示した。

なお、地名の読み方については、それぞれの地方において独特の読み方もあり、全てを確認する余裕がなく、誤訓もあるかも知れないが、難読と思われる地名にはルビを付した。

まず、6／1（以下、月日は算用数字で記す）に大坂を船出して瀬戸内海を九州へ向かった介三郎一行は、途中、兵庫や備前下津居《しもつい》（下津井）その他の港に泊り、周防灘《すおうなだ》（三十七里）の船旅を経て、6／

7に小倉《こくら》へ上陸し、九州での第一歩を印した。

【小倉から鹿児島へ】

6/8　小倉→椎田《しいだ》→宇佐《うさ》八幡宮(9～13日まで宇佐に逗留)

＊　今回の採訪は南朝史料の蒐集が主であったが、宇佐では、鎌倉弘安年間編録の『宇佐宮御《ご》託宣記《たくせんき》』や後鳥羽天皇時代に編集の『年代記』など貴重な史料は写し取っている。

6/14～16　宇佐→中津→椎田→大隈《おおくま》→千手《せんじゅ》→秋月→府中(久留米)高良山《こうらさん》

6/17～18　府中→柳川《やながわ》→肥前諫早《いさはや》→長崎(18～23日の間逗留)

＊　長崎に於ては、当時、朱舜水《しゅしゅんすい》の孫である朱天生《しゅてんせい》(名毓仁《いくじん》)が二度目の来日中(一度目は延宝六年)であったことから、介三郎は長崎で朱天生に二三度面会している。

又、介三郎らは小舟に乗って、長崎入港中の南蛮船を見物したという。

6/24～27　長崎→茂木《もぎ》→小早崎《こはやさき》→口ノ津《くちのつ》湊(口之津)→船→肥後川尻《かわしり》へ。

＊　島原半島南端の口ノ津に宿泊した際には、近くの天草《あまくさ》城跡(原城跡)を見学した。

6/28～29　肥後川尻《かわしり》→川尻大慈寺《だいじじ》→熊本城下(加藤清正の菩提所本妙寺《ほんみょうじ》の採訪)

＊　川尻大慈寺では古い鏡の銘を写し、熊本本妙寺に於ては、宗尊親王《むねたか》(鎌倉第六代の皇族将軍)

真筆の『日本紀《にほんぎ》竟宴和歌《きょうえんわか》』（二巻）を発見し、写し取っている。

＊ この肥後熊本は、佐々介三郎らの本家ともいうべき、佐々成政以来の所縁《ゆかり》の地であると共に、介三郎の母方の実家大木家の人々が住む土地で、その当主である大木舎人兼近《とねりかねちか》は、彼のいとこの子であり、領主細川越中守綱利《つなとし》に仕える家老の一人でもあった。

そうした縁もあって、領主の細川家や大木家及び親族縁者達からは大変な歓迎を受け、肥後国内案内役や旅宿見廻衆《みまわりしゅう》の中には、大木家一族の者が数名ずつ名を列ねていて、心からの協力が得られたという。重大な使命を帯び、遠隔の地を訪ねた介三郎にとって、言葉では言い尽せない大きな力となったことと思われる。

しかし、介三郎達は、そうした好意に甘えることは極力謹んで、費用なども出来る限り自弁をしたが、この熊本のように親類縁者が大勢住んでいる所では、全ての接待を辞退することもできず、馬の駄賃《だちん》とか飯銭《めしぜに》などは自分で支払い、一宿分の宿代は断りきれずに「御馳走《ごちそう》」（接待）を受けざるを得ないこともあった。

＊ 加えてもう一つ、介三郎達が閉口したのは、各地を訪れるたびに、藩庁の命をうけた使者が、水戸様の御使い佐々介三郎を表敬訪問し、土産物を届けてくることであった。

例えば、熊本でも領主細川氏の使者として伊藤一平という家臣が、桑酒一樽と梨子一籠を

届けて来たが、介三郎は、

「兼々被レ二仰セ付ケ一候通、達而御断申上候。而右之被レ下サ物ヲハ拝領不レ仕ラ候而、致シ二返納一申候」

（「西国御用状留」）

と、主人である光圀の命を守って、付け届け物は受け取らず返却している。

その他、鹿児島では「泡盛酒《あわもりさけ》一壷・沙糖漬《さとうづけ》一器」、日向佐土原《ひゅうがさどわら》領黒貫寺《こくかんじ》では「薬酒《やくしゅ》一壷・梨子一籠」、筑後府中（久留米）では「焼酎《しょうちゅう》（二樽）并鮎鮓《あゆすし》（二桶）」など、同じように宿所に届けられたが、いずれも「断《ことわり》申《もうし》受納不レ仕ラ候」と受領せずに返却している。

先方の厚意に謝意を表しながら、それを固辞する介三郎も大変であったと思われる。

＊ところで、このような熊本での採訪調査や介三郎と熊本大木家との関係については、熊本市在住の吉原亀久雄氏が著書『佐々宗淳と熊本――西国史料採訪の旅』（平成三年二月・熊本新評社発行）に於て、詳しく紹介されていることを付記しておこう。

7／1～11　熊本――→宇土《うと》――→日奈久《ひなぐ》湯本（『日録』には温泉紹介、宿泊し入湯も?）――→水俣《みなまた》――→米ノ《こめの》津《つ》→和泉《いずみ》（出水）→阿久根《あくね》→市来《いちき》→加世田《かせだ》→津貫《つぬき》

7／12～　津貫→昼より坊津《ぼうのつ》（坊ノ津、13～14日逗留）

＊坊津では、新義真言宗一乗院を採訪し、『笠置《かさぎ》寺之縁起《えんぎ》（一巻）』の内「後醍醐天皇遷幸《せんこう》之事」

を写し取り、また「一条禅閤《ぜんこう》之文章（一篇）」やその他の文書記録を抜書した。

7／15～16　坊津→川辺《かわなべ》→鹿児島城下（17～18日逗留、談義所《だんぎしょ》大乗院・福昌寺に採訪）

【鹿児島から宮崎・阿蘇・博多へ】

7／19～22　鹿児島[船]→大隅浜市《おおすみはまのいち》（霧島市）[船]→福山→岩川→志布志《しぶし》（23日逗留）

7／24～29　志布志→飫肥《おび》→鵜戸《うど》山（26日滞在）→清武《きよたけ》→都於郡《とのこおり》（黒貫寺採訪）

8／1～6　都於郡→門川《かどがわ》→延岡《のべおか》→高智穂《たかちほ》（高千穂）→高森→阿蘇山《あそざん》

＊当時の阿蘇山の情景について、同行の丸山可澄が次のように記しているのは興味深い。

「阿蘇山高サ貳里半《にりはん》、頂上池三つ有、三池ト云、共ニ不レ別《わかタ》二昼夜ヲ一、烟焔《えんえん》起ル、山中悉《ことごと》ク黄硫（硫黄《いおう》カ）也、池之鳴聲《めいせい》如レ雷《いかづちノ》、山中貳里餘皆黄硫ニシテ、艸木《そうもく》ナシ、間々《まま》有ル二岩石一耳《のみ》」（『日録』）

8／8～15　阿蘇山→宮地《みやじ》（阿蘇宮）→内牧《うちまき》→隈府《わいふ》（菊池市）→山鹿《やまが》→高瀬→筑後南関《みなみせき》→原町→瀬高《せたか》→府中《ふちゅう》（久留米《くるめ》）→松崎→二日市→筑前博多《はかた》

＊介三郎一行は、15日の朝に博多に到着したが、藩主松平右衛門佐《うえもんのすけ》（黒田光之《みつゆき》）の命令をうけた近習の浦野半平の案内で太宰府天満宮《だざいふてんまんぐう》へ向かい、天満宮の社務小鳥居信範《ことりいのぶのり》邸において、夕

方まで史料の閲覧手写を行なった。

この天満宮での史料閲覧に際して大きな働きをしたのが、儒者として有名な貝原益軒《かいばらえきけん》（久兵衛篤信《あつのぶ》）であった。彼は「寺社旧記肝煎《きもいり》」という役を命ぜられて、文書・記録を小鳥居邸に集めてくれていた。「西国御用状留」（八月十八日付け書簡）には、

「貝原久兵衛と申仁《もうすじん》、是ハ学者ニて御座候、右ヱ門佐殿御領内之寺社尽《ことごと》く吟味《ぎんみ》申付、文書一紙ニても有レ之候ヲハ、皆々右之久兵衛方へ取申候由……筥崎《はこざき》より観世音寺《かんぜおんじ》迄之寺社ニは文書少々有レ之故、此度久兵衛取寄候而尽ク見セ被レ申候」

と記されていて、貝原益軒による手厚い協力があったことが伺える。

＊ 余談になるが、実は、この時の出会いがきっかけとなって、介三郎と益軒とは、その後永く親交をもつことになった。

その一例は、貝原益軒が刊行に尽力した宮崎安貞《やすさだ》著『農業全書』に、序文代りに介三郎が書いた丁丑（元禄十年）十月二十一日付け書簡「答二貝原篤信一書」（差出人名は「佐々宗淳」、宛名は「損軒《そんけん》貝原大兄足下」で、損軒は益軒の前雅号。『十竹遺稿』所収）が、掲載されていることである。

貝原益軒は、親友の宮崎安貞が執筆した『農業全書』を刊行するに当って、はじめ水戸藩主徳川光圀に序文を書いてもらい、それを掲載したいと考え、貞享二年の太宰府天満宮での

出会い以来、親しい交わりを持つに至った水戸の史臣佐々介三郎を通じて、そのことを依頼してきた。

光圀は、同書の献本を熟覧して、「是人世《じんせい》一日も之れ無かる可からざる書なり」と感嘆し「殊外称美《ことのほかしょうび》」であったが、益軒の「叙《じょ》」や安貞の「仮名序」も備わっていることから、光圀自身では序文を書かず、介三郎に命じて益軒宛の推薦書簡を書かせたのであった。

右のような事情で、刊行本の宮崎安貞著『農業全書』には、介三郎（佐々宗淳）の書簡が序文代りに掲載されることになったのである。

【博多から厳島・出雲へ】

再び旅の行程に話題をもどして行こう。8月15日の太宰府天満宮での史料閲覧が終わると、その夜は博多に一泊し、翌16日に博多を発って次の目的地へ向かった。

8／16～17　博多→青柳→阿勢町《あぜ》（畦町）→赤間《あかま》→黒崎→豊前小倉《ぶぜんこくら》

8／18　小倉→三里・船→長門下関《しものせき》（赤間関《あかまがせき》）

＊　赤間関・阿弥陀《あみだ》寺（古本「平家物語」廿巻を見ル）

8／19～22　下関→長府《ちょうふ》→西市《にしいち》→大寧寺《たいねいじ》→正明《しょうみょう》（長門市）→三角市《みすみいち》（三隅）→萩《はぎ》城下

→明木《あきらぎ》→笹波《ささなみ》（佐々並）→周防山口

8／23～26　山口→宮市《みやいち》（防府《ほうふ》・三田尻《みたじり》）→福川《ふくがわ》→徳山→花岡→喚坂《よびさか》（呼坂）→柱野《はしらの》→
岩国《いわくに》（夜船・泊り）→厳島《いつくしま》へ

8／27～29　厳島→船→草津港→広島→海田《かいた》→西条四日市→本郷

9／1～2　本郷→備後《びんご》三原→尾道《おのみち》→市村→甲山《こうざん》

9／3　甲山逗留（今高野《いまこうや》山の龍華《りゅうげ》寺四ケ寺巡遊）

9／4～5　甲山→吉舎《きさ》→三吉《みよし》（三次）→府野《ふの》（布野）→雲州《うんしゅう》（出雲）赤名《あかな》

9／6～7　赤名→掛屋《かけや》（掛合）→三刀屋《みとや》→今市→杵築《きづき》大社（出雲大社）

9／8　大社→船→日三崎《ひのみさき》（日御碕《ひのみさき》）・日御崎《ひのみさき》神社→船→大社

＊　出雲の杵築大社では、千家《せんげ》直治《なおはる》と北島兼孝《かねのり》の両国造家《こくそうけ》から、平岡内蔵之助《くらのすけ》、長谷《はせ》右兵衛など四名が遣わされて、旧記文書等を残らず出してみせてくれたので、数多く写し取ることが出来たという。（『日録』）

介三郎江戸帰着後、十二月二十二日付けで光圀は両国造家宛にそれぞれ礼状と紗綾《さあや》五巻を送り、更に出雲大社文庫には、水戸で編修の『公卿《くぎょう》補任《ぶにん》補闕《ほけつ》』一部を奉納している。

【出雲から岡山、そして大坂へ】

9／9　大社→平田《ひらた》〈宍道湖《しんじこ》・船〉→松江《まつえ》→〈中海《なかうみ》・船〉→伯耆米子《ほうきよなご》

9／10～14　米子→大山寺《だいせんじ》→溝口→新上《しんじょう》（新庄）→三加茂《みかも》（美甘）→高田（舟川）→野原（舟川）→備前金川《かながわ》→備中《びっちゅう》宮内（吉備津宮《きびつのみや》）

＊「高田より川舟下ル、此所硯石《すずりいし》昔出也」と『日録』に記されているが、現在の地名では真《ま》庭《にわ》市勝山《かつやま》に変わっており、名産の「高田すずり」に旧称を残している。

高田は旭《あさひ》川と新庄《しんじょう》川の合流地点にあり、介三郎達は其処から旭川を川舟で備前金川まで下り、次いで津山《つやま》街道を経て備中宮内に至り、吉備津宮に詣でるという道筋を辿った。

ところで、この大山寺から高田（勝山）を経て備前金川、そして備中宮内に至る行程に関して、作《さく》州《しゅう》＝美作《みまさか》国「津山《つやま》」（現津山市）にも立ち寄ったと記されている記事がある。

それは岡山県津山市の作楽神社社務所発行の「社報」（昭和五十九年十月十七日）の記事で、水戸関係の某氏の話というのを元にして、

「助さんの佐々宗淳は光圀の命を受けて史料調査のために中国・九州を旅しておりその途次作《さく》州《しゅう》津山《つやま》にも立ち寄ったことが、記録に残っているそうである。残念ながら津山にはその資料はないが、水戸側の文書で宗淳が津山藩森家《もりけ》に足をとどめたことが立証される。」

と、佐々介三郎が史料採訪の途次、作州津山へ立ち寄ったという説を紹介している。

しかしこの点については、「西国御用状留」にも『日録』にも、関係する記事は存在しないし、『日録』に基づいて道筋を辿っても、高田（真庭市勝山）→野原→備前金川までの間は、旭川を川舟で下っているのであって、津山へ立ち寄ったという形跡は見当らない。

勿論、作州地域での採訪行に関する、介三郎の報告書簡や領主森伯耆守長武《もりほうきのかみながたけ》宛の光圀書簡の案文が残っている。介三郎達が作州の地を通過したのは、九月十一日から十三日の間であったが、介三郎は、九月二十七日付けの史館衆宛書簡（「西国御用状留」）で、

「伯耆守殿領分作州之内罷通《まかりとおり》候刻《きざみ》、名主《なぬし》出合《であい》人馬宿等事肝煎《きもいり》申候事」

と、伯耆守殿の領内を通りました際に、名主達が出てきて人馬や宿のことなどを、いろいろと世話をしてくれましたとの報告を行なった。すると、十月八日付け水戸宰相名で、

「然ハ家来佐々助三郎と申者、書籍之用申付、先頃其辺指越候処、於御領分路次《ろじ》之案内並于旅宿等諸事丁寧《ていねい》被仰付候趣、委曲承知之、御懇情之段、別而満悦存候……」

との礼状を発している。（『水戸義公全集／下』所収「水戸義公書簡集」）

右の、介三郎の書簡でも、光圀書簡についても、「領分作州之内」「其辺」「御領分」と書かれているのであって、具体的に「作州津山」に立ち寄ったとは明記されていない。

従って、「水戸側の文書で宗淳が津山藩森家に足をとどめたことが立証される」ことにはならないわけで、介三郎一行の「作州津山立ち寄り説」は誤伝であろうと思われる。
やはり前述したように、旧高田（真庭市勝山）から旭川の川筋を川舟で備前金川まで下り、津山方面へは足を向けず、備中宮内へと向かったのであろうと結論したい。

＊ さて、旅の続きを紹介して行こう。9／15には吉備津宮に参詣し、調査も実施したようであるが、『日録』を見ると、

「十五日　此日、吉備津宮祭礼也、有二鳴釜《なりがま》一、巫覡《ふげき》（註、神の霊媒者）以二洗米《せんまい》一、投二于釜中一、乃発レ声、聞二于一里一、又有二相撲芝居一也」

と、当時の神社祭礼の様子を、興味深く記し伝えていて面白い。

9／15〜17　宮内→岡山城下→三石《みついし》→有年《うね》→室津《むろつ》→鵤寺《いかるがでら》（斑鳩寺）→書写山《しょしゃざん》
9／18〜19　書写山逗留
9／20〜22　書写山→広峯《ひろみね》→増位寺→御着《ごちゃく》→法華山→曽根《そね》→賀古河《かこがわ》（加古川）
9／23〜24　賀古河→明石→兵庫（楠正成塚）→西宮《にしのみや》→夜船→大坂八軒屋？
9／25　大坂逗留――＊「此日、天満宮祭礼、有二競馬一」と『日録』に書き留められている。
9／26　大坂→平方（枚方《ひらかた》）→淀《よど》→京都着

【越前方面採訪を経て江戸への帰途】

以後十月十六日までの二十日間は京都に逗留し、記録・史料の整理や史館への報告などを行なっていたと思われるが、再び旅支度を整えた介三郎と丸山可澄の一行は、越前福井を経て、最終目的地である白山平泉寺をめざして京の町を旅立ち、まずは、琵琶湖の東岸を北上した。

以下、『日録』によって、介三郎達の辿った道筋をごく簡単に紹介して行くことにしよう。

10／17〜20　京都→米原《まいばら》→長浜→木之本《きのもと》→中河内→今庄《いまじょう》→府中（武生《たけふ》）

10／21〜22　府中→福井→松岡→三王《さんのう》村（山王）→勝山→白山平泉寺《はくさんへいせんじ》→三王村

10／23〜25　三王村→〈駅次同前〉→中河内→木ノ本→春上《すいじょう》（春照）

10／26〜27　春上→関ケ原→大垣→墨股《すのまた》（墨俣）→清洲《きよす》→名護屋《なごや》→宮《みや》（熱田）

10／28　宮から東海道を下向、江戸までの帰路。

＊　東海道の駅次は四十二次、所要日数は八日、距離は八十六里半廿四丁（約三四六・三km）

11／6　佐々介三郎宗淳と丸山雲平可澄を中心とする一行は、九州・中国・北陸・東海の凡そ四十五ヵ国、海陸一千四十里余（約四、一六〇km）を巡歴採訪して史料を蒐集し、多大な成果を収めて、無事に江戸帰着を果たしたのであった。

【貞享二年採訪のまとめの一節】

この貞享二年の史料採訪について、栗田《くりた》勤《いそし》著『水藩《すいはん》修史事略』（昭和三年刊）をみると、

「公（註、光圀公）予めこれを幕府に請ひ、国主、城主に告知せり、故に過ぐる所の城邑《じょうゆう》、使を遣はし、館に詣《まい》り、人を差して導《みちびき》を為し、凡そ名山巨鎮《きょちん》、古祠《こし》旧刹《きゅうさつ》の所蔵墜文《ついぶん》逸文《いつぶん》、幽尋《ゆうじん》窮討《きゅうとう》せざるはなし」

と記されている。たとえ、歴史編纂という学術研究の為の史料蒐集であるとしても、厳しい幕藩体制下において、他藩の家臣が領内に立ち入り、調査活動をするわけであるから、まかり間違えば、厳しい咎《とが》めを受けることも有り得る。

しかし、そのような誤解やトラブルもなく、行く先々でまことに円滑に目的を果たすことができたのは、やはり藩主徳川光圀の至誠と用意周到な配慮の賜物であり、当事者である佐々介三郎宗淳や丸山雲平可澄らの努力が、見事に実を結んだ結果であったと言えるであろう。

ところで本節の最後に、介三郎の同伴者として立派にその職責を果たすと共に、採訪行の記録『筑紫巡遊日録』を書き残してくれた丸山可澄について付記して置こう。

丸山可澄（一六五七～一七三一）は、諱が可澄《よしずみ》、字は仲活《ちゅうかつ》、通称ははじめ雲泉《うんせん》、のちに雲平《うんぺい》と改め、

活堂《かつどう》・混斎《こんさい》と号した。彼は延宝二年（一六七四）七月、十八歳の時に彰考館に入って史館物書《ものがき》という役目に就いた。史館物書とは、写字生・書記役である。

延宝二年の入館であるから、介三郎とは史館の同期生ということになるが、年齢は介三郎が十七歳の年長者であり、役職も介三郎が進物番（のち小納戸役）兼史館編修という役目であったのに対して、可澄は当初は史館物書で、天和三年に初代管庫《かんこ》（御文庫役、書物の管理出納を掌る）という役職に就いたが、いわば介三郎などの編修史臣を補佐する立場の役職であった。

可澄は、誠実な人柄の人物であったようで、史館編修という立場にはなかったが、『正続花押薮《かおうそう》』を初めとする編纂物が数多くあり、系譜学者・神道学者としての業績も注目され、いわば『大日本史』編纂事業の縁の下の力持ちとして、土台を支え続けた史臣であった。その可澄が、介三郎の書記役として随行し、旅の様子を記録した日記が『筑紫巡遊日録』である。

尚、可澄は三十代前半の若さで耳疾《じしつ》を患い、耳が遠くなってしまった。やがて光圀は、可澄のために湯治《とうじ》を勧め、兼ねて、未調査であった奥羽地方の史料採訪させようという暖かい配慮のもと、元禄四年四月二日に水戸を発ち、六月七日に常陸太田の西山荘に帰着するまで、約二ヵ月間の旅を行なわせた。その旅の日誌が『奥羽道記』（山形大学所蔵・自筆本）であった。

丸山可澄の『筑紫巡遊日録』と『奥羽道記』は、江戸時代前期の貴重な紀行日誌である。

5 彰考館史臣の活動 II

一 修史事業の総裁

彰考館＝史館の初代総裁は、天和三年（一六八三）十一月に任命された人見《ひとみ》又左衛門（伝《でん》・懋斎《ぼうさい》）であったが、元禄元年（一六八八）七月に、その後を受けて二代目の史館総裁に任ぜられたのが、佐々介三郎宗淳（四十九歳）と吉弘《よしひろ》左《さ》介元常《すけもとつね》（四十六歳）の二人であった。以後の史館総裁は一名ではなく、複数制であった。

介三郎が総裁を勤めたのは、元禄元年七月末から九年七月までであったが、その間、吉弘左介・中村新八（顧言《よしとき》）・鵜飼《うかい》金平（錬斎《れんさい》）・安積《あさか》覚兵衛（澹泊《たんぱく》）などと二名から三・四名による総裁の複数任用であった。

従って、修史事業の総裁業務はそれぞれ分担がなされ、また重要問題は同僚総裁との合議で運営されたことと思われる。介三郎の総裁としての業務内容を具体的に、かつ網羅的に記述することは、本書の性格と紙数から言って、かなり難しいものがあるので、本節では『参考太平記』の編修、及び『修史義例《しゅうしぎれい》』『重修紀伝義例《じゅうしゅうきでんぎれい》』の議定作成について、介三郎が関わった総裁業務の一斑を紹介してみたいと思う。

⑴ 『参考太平記』の編修総裁

『参考太平記』は、延宝八・九年(一六八〇～八一)頃に、今井弘済《こうさい》(新平・魯斎《ろさい》)が光圀の命を受けて編修に着手し、のちに内藤甚平貞顕《じんぺいさだあき》が業務を受け継いで完成させたものである(久保田収氏著『近世史学史論考』)。

『太平記』については、古写本や古活字本など多数の諸本が伝承されていた。史館に於て『大日本史』の編修を進める過程で、信頼できるまとまった史料の存在が、きわめて少ない鎌倉末から南北朝時代について、最も頼りになる書物は『太平記』であった。もちろん『太平記』は軍記物語であり、公的編纂の歴史書でないことは明らかである。しかし軍記物語独特の誇張やフィクションはあるものの、動乱期の世の中や人物像を巧みに描き出しており、豊かな内容を持った文献として評価できるものである。

そこで史館では、光圀の命を受けた今井および内藤が、『大日本史』編修に役立つように、「印《いん》本《ぽん》」（印行本、慶長古活字本など数種あるが、いずれを採用したかは不明）を底本とし、今出川《いまでがわ》本・島津家本・南都本・今川家本・毛利家本・北条家本・金勝院《きんしょういん》本・西源院《せいげんいん》本・天正本の九種の異本を蒐集して校合《きょうごう》を実施し、元禄四年（一六九一）に『参考太平記』三十一冊（木版本は四十一冊が多い）が完成した。

この『参考太平記』の編修は、まず今井弘済が、続いて内藤甚平が担当したのであったが、介三郎も史料の採訪蒐集を通じてかなり貢献しており、加えて、史館総裁として『参考太平記』の「凡例」の作成という重要な業務も担ったと考えられる。

財・水府明徳会の彰考館には、佐々介三郎の自筆稿本と推定される『参考太平記凡例稿本』（表裏共十二丁、凡て二十二条）という一書が現存する。

かなりの部分にわたって朱筆校訂が施されているが、現行の国書刊行会本『参考太平記』の凡例と比較してみると、間違いなくその草稿本であることが確認できる。

尚、「凡例」文の制作者については、裏付けとなる史料が明らかでないので、推定ではあるが、内藤貞顕や同僚総裁の吉弘元常の意見も聞き、介三郎が総裁としての責任においてまとめ上げた条文なのではないかと思われる。

(2)『修史義例』の作成(元禄二年)

小説等は別として、多くの書物にはそのはじめに「凡例」「例言」と称される、一種の約束事が簡単に提示掲載されている。

歴史書の編修の場合は、それに加えて、編修者や著者の歴史観に基づいた編修上・記述上の方針などを、具体的かつ明確に規定した上で編修を進めて行くことが多い。

水戸の『大日本史』の編纂においては、その規定の基本となるべきものを「修史条例《しゅうしじょうれい》」「修史義例《ぎれい》」と称し、紀伝(本紀・列伝)編修の進展に併せ数回にわたって改編がなされている。

その最初の規定は、寛文四・五年(一六六四〜六五)頃に、旧紀伝編修(天和三年以前の編修)のために議定された『修史条例』(十一箇条)であったと推定されるのであるが、この件に関しての説明はこゝでは割愛し、介三郎が直接関与したと思われる元禄二年(一六八九)に議定作成された「修史義例」について簡単に紹介することにしよう。

同僚の安積覚兵衛が記した「重修紀伝義例の後に書す丙子」(標題・本文共に原漢文)に、

「己巳《きし》之夏、臣元常、臣宗淳、編修諸士と講究商較《しょうかく》し、義例を作り為《な》せり」

とあって、当時の史館総裁であった元常(吉弘左介)と宗淳(佐々介三郎)が中心となって、元禄二年

（一六八九）夏に議定作成したことがわかる。

「修史義例」については、研究者の間でも長年その存在が明確でなく、内容も不明のこととされてきたが、二十数年前、筆者は茨城県立歴史館架蔵の『大日本史通例義例《つうれいぎれい》』（五種の史料が合冊）の中に、表紙外題に『舊修史義例』、本文題名に『修史義例』と書かれた綴込みの一冊を確認し、また、飯田瑞穂氏（中央大学名誉教授、平成三年四月逝去）が所蔵されていた『修史義例』（写本、袋綴一冊、墨付八十一丁）の印字コピーも幸いに入手することができた。

ただし、歴史館本・飯田本ともに、元禄二年夏に議定された『義例』の、元本そのまゝのものというわけではなく、藤田幽谷《ゆうこく》の『修史始末《しゅうししまつ》』（元禄三年五月十四日の記事）に記された「衆議《しゅうぎ》して修史義例を補正す」（原漢文）に該当するもので、元禄三年（一六九〇）五月に補正された『修史義例』（五十五箇条）であると思われる。

尚、本節の冒頭に紹介した寛文期に議定の『修史条例』（十一箇条）と、元禄二年に議定の『修史義例』を比較してみて、最も顕著な相違点は、次の二点ある。

(1)『修史条例』第一条＝女主＝女帝の場合も帝・天皇と称すること。「唯、神功《じんぐう》に至りては皇后と称す」（原漢文、以下同）と規定されていて、神功皇后は呼称は「皇后」でも、天皇と同等の扱いであると解釈できる条文となっている。

(2)『修史条例』第三条＝「皇后は無事と雖も必ず紀《き》を立つ」と、皇后は「列伝」に記載するのではなく、「本紀」＝「皇后紀」を立て、記載することが規定されている。

これに対し『修史義例』では、

(1)「仲哀《ちゅうあい》神功《じんぐう》皇后《こうごう》」と明確に「皇后」として扱っている。

(2)「列伝」の中に「皇后伝」を立てて、神功皇后もその中に記載されている。

という内容になっており、大きな違いが見うけられる。

天和三年（一六八三）以降の「新紀伝」修撰も軌道にのり、本格的な編纂方針の確定が必要となってきたことから、総裁である介三郎達によって議定作成されたのが、元禄二年の『修史義例』であったと思われるのである。

(3)『重修紀伝義例』の作成（元禄九年）

これから紹介する『重修紀伝義例』の作成は、元禄九年（一六九六）に議定されたものであるから、年次的にはもっと後のところで触れるべきであると思われるが、元禄二年（一六八九）に議定された『修史義例』の大幅な改訂となるものであったわけであるから、やはり関連づけて述べておいた方が理解し易いのではないかと考え、本節で取り上げることにした。

さて、『重修《じゅうしゅう》紀伝義例』は、当時、総裁であった佐々介三郎・中村新八（顧言）・安積覚兵衛（澹泊）の三人が中心となって、元禄九年の五月末頃から七月にかけて議定し作成したものである。

彰考館に所蔵されている『重修紀伝義例』は、明治期頃の写本（一冊本）であるが、本紀七十五条、列伝十条、合計八十五条から成っている。その模範はシナの正史（廿一史）に準拠しつゝも、わが国の歴史の編纂であるという自覚は明確であって、殊に、日本の国柄《くにがら》＝「国体《こくたい》」に関わる問題については、議定を担当した総裁達の間でも、かなり深く突っ込んだ議論が交わされていた様子がうかがえる。

そうした義例の議定に関する論議の中で、特に佐々介三郎の歴史思想、歴史観の明確な表明とも受けとめられる問題について、一例だけを紹介してみよう。

それは、中村新八・安積覚兵衛の両総裁が、同年六月九日付けの佐々介三郎・大串平五郎（元善）宛の書簡（『記録／五〇』）で問題を提起したことから始まった。書簡の要旨は、

一、「薨《こう》・卒《しゅつ》・死《し》」の書法について、律令の令文《りょうぶん》（喪葬令《そうそうりょう》）に「六位以下庶人《しょにん》に達《いた》るまで死と称せよ」（原漢文）と規定されているのは、大いに問題があり承服できない。

二、官女や公卿の末子などで官位不明の者、功名明らかで無位無官の武将などに対し、死と書いたのでは、伝を立てた意義が明確でなくなる。

三、右二点の結論として、シナの廿一史にならって「卑賤《ひせん》迄卒或ハ終」と書いてはどうか。

現在、編集中の紀伝は、古例を変えず、本拠を踏まえるようにしている。その本拠は、「第一廿一史之例ニ違ひ不申様ニ」ということであるので、「六位已下死」と書いたのでは、シナの諸史に無い体裁となる。これは紀伝に関する大議論の問題である。

と記し、最後に介三郎の意見を聞かせてほしいと言って、書簡を結んでいる。

意見を求められた介三郎は、六月十九日付けの安積・中村宛書簡(『記録/一二三四』)で回答した。

介三郎の回答要旨は、次のようなものであった。

一、令文の規定を改めることには疑義がある。令文も官職等については、時代により変更はあるが、基本的には「朝廷千古不変の恒典《こうてん》」で、「薨・卒・死」の書法については変革はない。ところが今、外国の歴史、シナの廿一史の書法に合わないからと言って、「薨・卒・死」の称呼・書法を改めることは、「天子に非《あらず》して礼を議《ぎ》スル」というもので、認めることはできない。

二、シナのような易姓革命《えきせいかくめい》の行なわれる国においてさえ、前王朝の歴史を編纂《へんさん》する時は、その前王朝での呼称を勝手に書き改めるようなことは決してなされていない。

三、上古より称してきた事を、今改めてしまうということは、実録ではなくなる。

「悉《ことごと》ク異邦《いほう》ノ史ノゴトクニ書申タキトテハ、国体ヲツクリカヘネバナリ申サズ候」

――「すべて、外国の歴史にならって書きたいというのであれば、「国体」＝根本の国柄を変えてしまわなければならない。そのようなことは絶対に許されるべきではない」

四、従って、官位不明・無位無官の人については、死と書するのが当然である。

と介三郎は主張し、回答の書簡を結んだのであった。

その後、光圀の意見や三人の総裁の合議の結果、『重修紀伝義例』では「死或終」と書することが条文に盛り込まれることになった。

しかし「悉ク異邦ノ史ノゴトクニ書申タキトテハ、国体ヲツクリカヘネバナリ申サズ候」という介三郎の堂々たる議論は、光圀に仕えて二十二年の間に培われた学問の精華が、見事に発揮された大議論であったといえるであろう。

二　光圀・藩主最後の帰国と隠居所「西山荘」

光圀が、第二代の水戸藩主に就任したのは、寛文元年（一六六一）八月十九日、三十四歳の時であったが、水戸家は「江戸常府《じょうふ》」を立て前とする家柄であるので、毎年の定期的な帰国（就藩《しゅうはん》）及び江戸参府《さんぷ》という慣例はない。必要に応じて将軍に願い出て「御暇《おひま》」を頂戴し、帰国するのである。

藩主として、光圀が正式帰国したのは、藩主就任二年後の寛文三年(一六六三)七月～十一月で、これが第一回の帰国・就藩ということになる。

以後、元禄二年(一六八九)七月に帰国し、翌三年六月に江戸に参府するまで、現役藩主としては、合計九回目(書物によっては、十一回と記しているものもあるが、九回が正しい。詳細は、拙著『水戸史学の各論的研究』を参照)の帰国・就藩を行なっている。

その九回目の帰国。つまり藩主最後の帰国の際、六十二歳の光圀は、翌年六月に江戸に出府するまでの約一年間、たいへん精力的に水戸領内の視察をした。

その領内視察の折り、常陸太田の白坂《しらさか》という所を通った。現在の常陸太田市から常陸大宮市に通ずる国道二九三号線の坂道付近、ちょうど西山荘北側の山の上の一帯である。

その白坂の辺りで光圀は突然、御供をしていた史館総裁の佐々介三郎と家臣杉浦孫衛門《すぎうらまごえもん》に、

「此の辺に、良い土地があるかどうか、見立てて来るように」

と命じ、二人を坂の下の山間の地に遣わされた。しばらくして戻ってきた介三郎は、

「土地の広さは、狭いところですが、大変良い土地がございました」

と報告した。これを聞いた光圀は、家臣の笹本次郎太夫《じろうだゆう》に、その土地を平らに整地しておくようにと命ぜられたが、お側の人たちは「何の御用だろうか。お寺でも建立されるのだろうか」と、みな不審に思ったという。実は、介三郎が報告したその土地こそが、のちの「西山荘《せいざんそう》」という隠居所が建てられた場所であったわけである。

光圀は、翌元禄三年の十月十四日に水戸藩主を退き（六十三歳）、権中納言《ごんちゅうなごん》に叙任されたことから、家来たちは、古来「中納言・権中納言」のことを唐名で「黄門《こうもん》」と称していることに因み、隠居された光圀を「黄門大君・黄門老公・黄門様」と呼ぶようになったという。

光圀は、翌四年正月十一日から、隠居所の建築をはじめ、五月はじめに落成し、

「黄門大君、去ル九日西山に御移徙《おんいし》……」（五月十四日付け佐々介三郎宛中村新八書簡）

と、五月九日に正式に移居された。これが「西山荘」のはじまりであった。

光圀の隠居所「西山荘」の地は、介三郎にとっても所縁《ゆかり》の深い場所であったわけである。

元禄三年十月十四日に藩主を退いた光圀は、十一月二十九日に小石川藩邸を発ち、筑波山麓を経て十二月四日に水戸城に到着した。そして翌五日から七日までの三日間にわたり、城中において家臣や子弟達に藩主退任の挨拶と訓示を行なったのであった。

その後、光圀は、緑岡《みどりおか》別館や城下柵町《さくまち》の中御殿《なかごてん》（旧三木之次《ゆきつぐ》邸跡、光圀誕生地）などに滞在していた

が、暮れの十二月二十六日に、久慈郡田中内村《たなこうち》（現日立市大和田町田中内）の大内勘衛門直時《かんえもんなおとき》（頼房時代からの郷士《ごうし》、鷹狩《たかが》りの御休所）宅に出向き、そこで新年を迎え、正月十六日に水戸へ帰御《きぎょ》したという。

当時、常陸太田稲木村《いなぎ》の久昌寺《きゅうしょうじ》（現在、常陸太田市新宿町《あらじゅく》にある久昌寺は、明治時代に移建された）の摩訶衍庵主《まかえんあん》であった皆如院日乗《かいにょいんにちじょう》が記した『日乗上人日記』によれば、二月十三日〜十六日、四月十二日〜十六日には、太田の馬場御殿《ばばごてん》（太田御殿ともいう。馬場八幡宮の馬場先付近にあったと伝える）に滞在している。

その頃進められていた新宿《あらじゅく》村西山（現常陸太田市）に建設中の隠居所、つまり「西山荘《せいざんそう》」の普請作事の督励の意味もあったのであろう。

建設工事については、前年十一月頃から建設予定地の草かり、十二月に地鎮祭が斎行。正月十一日に「普請初《ふしん》め」となって建設が開始されたようである（『常陸稽古秘書／巻三』）。「西山荘」が一応の落成を見、光圀が正式に移居したのは、前述したように元禄四年（一六九一）五月九日のことであるが、光圀の藩主最後の帰国頃（元禄二年七月）から、この西山荘移徙までの間を中心に、介三郎の動向を少々探ってみたいと思う。

まず、前述の隠居地見立てのことを介三郎が命ぜられたのは、いつ頃のことであるか、ということであるが、明確な裏付け史料は筆者も確認できていない。

元禄二年の藩主最後の帰国では七月二日に水戸城に着到しており、翌三年六月初めに江戸へ出府するまでの間には、何回か常陸太田方面への巡視行を実施しているが、介三郎は元禄二年十二月十三日に江戸へ向っている。『打越瀬左衛門筆記抄』（福田耕二郎氏抄写）を見ると、

「緑《みどり》にて佐々介三郎、吉弘左介御暇《おひま》下され、江戸へ罷上《まかりのぼり》候に付、御茶下さる」

と記されている。「緑」とは、緑岡別館のことである。

従って、介三郎が御供をして常陸太田方面を巡視した時期を、元禄二年七月から十二月初頃までの間に限定してみると、十一月十一日～十四日の間と、十二月朔日《ついたち》～九日の間の、二回の旅（『打越瀬左衛門筆記抄』・『東藩文献志』）の時であったのではないかと考えられるのであるが、これ以上の時期の限定は困難であると思われる。

以後、光圀引退の元禄三年十月頃には、介三郎は江戸藩邸の勤務であったと思われる。

やがて光圀は、国元での隠居が幕府から認められて、十一月末に帰国の途に就くことになるが、介三郎が光圀の帰国に同道扈従《こじゅう》したのか、はたまた別行で水戸へ来たのか、その辺りの事情は判然としないが、『日乗上人日記』を見ると、光圀は元禄四年二月十三日～十六日の間、太田の馬場御殿に滞在し、十六日には久昌寺への御成があり、介三郎や医師玄東《げんとう》（井上玄桐《げんとう》）などが供奉してい

る旨が記されているので、水戸へ来ていたことは確かなことであろう。

三　久昌寺所蔵「一切経」経箱の箱書き

その後、『日乗上人日記』（以下、特別なことが無ければ『日記』と書す）の四月十五日の記事をみると、介三郎が太田の馬場御殿に来ていることが確認できる。

そして五月初めには西山荘が完成し、五月九日に黄門公光圀が移居されたことはすでに紹介した通りであるが、その月の二十八日に介三郎は久昌寺を訪れた。『日記』によると「蔵経《ぞうきょう》の箱書付被㆓仰付㆒由、今日ハまづ相談のためとて来レリ」ということであった。

「蔵経の箱書付」というのは、『一切経《いっさいきょう》』を納めた数十個の桐箱の前蓋《まえぶた》に、それぞれの経文名を墨書する作業であった。「箱書付被㆓仰付㆒」と書かれているので、日乗から依頼を受けた光圀が、水戸仕官以前には僧侶であった介三郎を適任者とみて、箱書きを命じたので

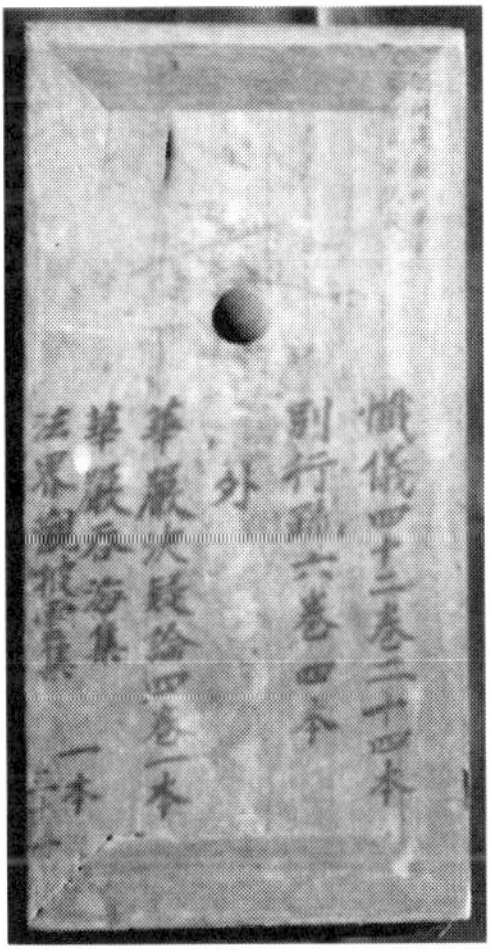

久昌寺蔵「一切経箱書」
佐々介三郎自筆

あろう。

箱書き作業は、六月一日から開始されたが、介三郎の助書《じょしょ》として野内小野右衛門《のうちおのうえもん》と岡本藤七《とうしち》の二人が協力し、六月五日までかかって箱書きの墨書を行なった。尚、現在の久昌寺に保存されているのは、約三十箱であるという。

それから暫くの間、介三郎は西山荘に詰めていたと思われるが、六月二十四日の『日記』に介三郎の名が見えて以後、同年十月十五日に「今日佐々氏も下りて御前に出らる」という記事が確認されるまで、介三郎に関する記事は見当らない。この間は、江戸へ出ていたのであろう。十月十五日の『日記』に「下りて御前に出らる」と記されているのは、江戸から下って西山荘に到着し、光圀の御前に出た、と解釈することができる。

それから間もなく、介三郎は黄門大君光圀から重大な使命を仰せつかり、西山荘と下野《しもつけ》の武茂《むも》郷《ごう》との間を行き来することになる。

四 「那須国造碑」修復と「車塚」発掘の工事監督

話は、元禄四年より十五年ほど前に遡るが、延宝四年(一六七六)四月、奥州岩城《いわき》の僧円順《えんじゅん》という者が、旅の途中で下野国那須郡湯津上村《ゆづかみ》（栃木県那須郡）を通り、土地の人の話から、草叢の中に倒れている、笠のようなものを頭に被った珍しい形の石碑らしいものを発見した。

そこで僧円順は、水戸領の那須郡武茂郷《むもごう》（那須郡のうち馬頭《ばとう》村など那珂川の左岸十七ヵ村を称し、明治初年まで水戸領に属し、石碑が存在する湯津上村は右岸で、当時は幕府の天領）の馬頭村に接続する小口《こぐち》村梅平《うめだいら》の名主《なぬし》大金《おおがね》久左衛門重貞《しげさだ》に会い、その石のことを伝えた。

話を聞いた大金重貞はこの石碑に興味を持ち、さっそく拓本にとって調査研究を始め、知り得たことを、自著の『那須記《なすき》』に記録した。

この「那須国造碑《なすのくにのみやつこひ》」は、碑文によれば、第四十一代持統《じとう》天皇の御代（在位六九〇～六九七）の頃に、那須地方の国造《くにのみやつこ》から評督《ひょうとく》（地方を治める、のちの郡司《ぐんじ》に相当する役職？）に任ぜられた「韋提《いで》」という人物の頌徳碑《しょうとくひ》で、文武《もんむ》天皇の四年（七〇〇）に彼が歿したのち、彼の徳を慕う人々が建てた碑であったという。石の材質は、花崗岩《かこうがん》であった。

円順の発見から七年後の天和三年（一六八三）六月、水戸藩主徳川光圀が領内視察のために武茂郷馬頭村方面を訪れた。

視察の途中、名主大金重貞宅に立ち寄った光圀に対し、重貞は『那須記』を献上し、石碑の話をして聞かせた。その話に強い興味関心を抱いた光圀は、四年後の貞享四年九月二十四日に再び馬

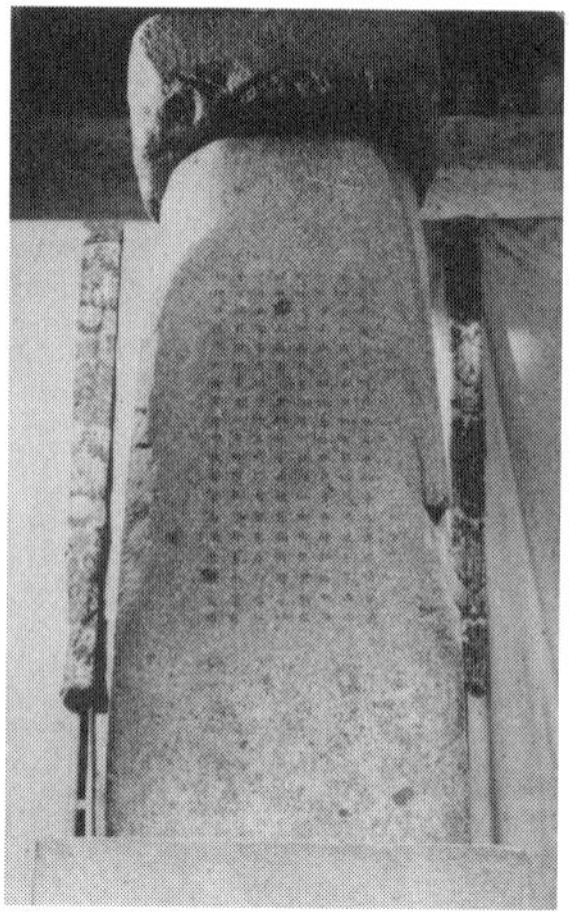

「那須国造碑」
(笠石神社社務所提供)

頭村を訪ねた際、同行していた佐々介三郎に碑文の調査解読を命じると共に、石碑の修復と顕彰を企画するに至ったという(『東藩文献志』『水戸紀年』『十竹遺稿補遺』など)。

その後数年間は、諸事情もあってか修復工事の計画は実現されなかったが、光圀が隠居した翌年の元禄四年三月に、佐々介三郎に工事総指揮を命じて着工することになった。

しかし、諸般の事情で着工は大幅に遅れた。一つには、西山荘の完成にともなう光圀の移居のことがあり、また現地の責任者、現場監督として業務を委託する大金重貞を通じての湯津上村での工事段取りや諸器材の準備のこともあったであろうし、さらに現地湯津上村は幕府の天領《てんりょう》でもあったため、如何に御三家の隠居光圀の計画事業とは言え、代官との間で種々の諒解を取り付け、複雑な手続きを処理する必要もあったと思われる。

光圀の西山荘移居後は、介三郎も概ね西山荘に滞在した形で、湯津上村との間を往復していたのであろう。西山荘と湯津上村との間の距離は、約十四里(五十六㎞)程度であった推定される。

そして実際には、十一月に入って着工となり、急ピッチで工事が進められたようで、碑の修復と碑亭の築造は、同年十二月十五日に工事完了となった。

現地における現場監督としての業務を委託されていたのは、もちろん大金重貞であったが、時折々に現地を訪れて、西山の黄門大君・御老公の命を承《うけたまわ》り実行に移す、つまり奉行《ぶぎょう》するのは工事総指揮者としての介三郎の役目であった。介三郎の工事の指揮ぶりを見てみよう。

大金家蔵の大金重貞宛佐々介三郎書簡を見ると、たとえば十一月中旬、工事が順調に進んでいる頃に、

「玉だんの事とかくいま五六寸もひきく仕度《つかまつりたく》候、かさいし上へあげ申候ハ、、堂へひっつき候て、見ぐるしく可ㇾ有ㇾ之候、但くるしかるまじく候哉。石屋とよく御相談候べく候」（元禄四年十一月十九日付け大金重貞宛介三郎書簡）

とか、また十二月の完成間近な頃には、

「堂ノ内すけ柱（※楷柱《すけばしら》・助柱、塀や垣などを支える柱）ノ下ノ石ニすき間見へ申候。石灰ニテ御うめ可ㇾ被ㇾ成候」（十二月二十四日付け同書簡）

と、現場の工事状況を実際に検分し、細部にわたる指示を与え、工事の万全を期していることが伺える。

「下侍塚」古墳

「下侍塚」に植栽
されていた松の幹

そして元禄四年十二月に碑石の修復と碑亭の工事が完了すると、介三郎は引き続いて、重要な付帯事業を展開して行くことになる。それは、翌五年二月から開始された「車塚《くるまづか》」と呼ばれる上・下二基の古墳（前方後方墳《ぜんぽうこうほうふん》）の発掘作業であった。古墳は、現在では「上侍塚《かみさむらいづか》」「下《しも》侍塚」と呼び慣わされている。

介三郎は、修復した「那須国造」の石碑と「車塚」に葬られた人物との関係が明らかになるのではないか、との期待感もあって、西山の御老公光圀の諒解のもとに発掘作業を開始したのであろう。

発掘の結果、二基の古墳からは国造「韋提《いで》」との関係を示すような遺品は出なかったが、鏡・高坏《たかつき》・矢《や》ノ根《ね》（鏃《やじり》）など十数点の出土品があった。そこで介三郎は、

「車塚より出申候物共ノ事……箱ニ入《いれ》もとの所へ納《おさ》メ申候様ニ
と被二仰出一候……鏡又ハたかつき矢ノ根など絵図ニいたし候而
指上候様ニ」（元禄五年二月二十四日付け同書簡）

との光圀の指示により、出土品は、現地に派遣されてきた絵師に絵

図を書き取らせ、現物は丈夫な箱を造って中に納め、箱の蓋には「那須国造墳墓修築記」を光圀が書き記した。それは、

「是歳元禄壬申《じんしん》(五年)の春に、儒臣の良峯宗淳《よしみねのむねきよ》(佐々介三郎のこと)に命じて墳墓を発掘させました。もし誌石《しせき》などがあって氏名を知ることができたならば、石碑を建て、文章を刻みたいと思いました。しかし銘誌《めいし》は存在しませんでしたので、出土品は元のように地中に戻し、新たに盛土を築造して周囲に松を植栽し、其の崩壊を防ぐことにしました。

――前権中納言従三位源朝臣光圀誌」

という意味の文章であった(筆者意訳、『水戸義公全集／上』所収「常山文集補遺」)。

実に丁寧な、そして謙虚な発掘調査で、まさに徳川光圀という人の学問的良心と死者に対する敬虔な態度の顕れであり、また光圀の意を受け、工事の総指揮に当たった佐々介三郎の堅実な性格が、見事に発揮された事業であったと言えるであろう。

考古学者として有名な斎藤忠氏は、「最初の古墳発掘」という文章の中で、明治十年(一八七七)のアメリカのモース教授による大森貝塚の発掘のことを述べたのに続いて、

「しかしこれをさかのぼって百八十数年前、……少なくとも学問的な意図をもって古墳の発掘が行なわれたことは、これも注意しなければならないであろう。すなわち元禄五年における

下野国那須郡湯津上村の車塚の発掘であった。……海外の遺跡発掘の歴史においても最も古い例の一つに属するものである」（『日本歴史』第一〇三号・昭三十二年一月）と、光圀や介三郎達による学術的な「車塚」の発掘調査は、わが国は勿論、海外においても、最も古い例の一つであると、その意義を高く評価されたのであった。

現在でも「那須国造碑」は、栃木県湯津上村の「笠石神社《かさいしじんじゃ》」の御神体として祭られている。

五　湊川「楠公碑」建立の現場監督

元禄五年（一六九二）の旧暦四月二十三日は、新暦では六月七日に当たり、季節は梅雨《つゆ》を迎えた頃である。本書の「はじめに」に紹介したように、『日乗上人日記』をみると、「（四月）二十三日壬寅《じんいん》　雨、入梅《にゅうばい》」と記されている。

この日、佐々介三郎は旅装をととのえて江戸藩邸を旅立った（『記録／十八』）。

行く先は、東海道五十三次を経て京都、そしてさらに兵庫（神戸）の湊川《みなとがわ》である。目的は、一昨年の元禄三年十月に水戸第二代藩主の座を退き、昨年五月からは常陸太田の西山荘に隠棲している黄門老公徳川光圀の命をうけて、楠公《なんこう》（楠木正成《くすのきまさしげ》）の墓碑を建立することであった。

時に、介三郎は五十三歳。もう若くはない。

介三郎にとって今度の旅は、彼の生涯最後になるかも知れない、しかも重大な使命を帯びた長旅であった。

そう言えば、二十年に及ぶ京都妙心寺《みょうしんじ》での禅僧生活に見切りをつけ、還俗《げんぞく》して江戸に出てきたのが三十四歳。そして水戸藩主光圀に見出だされて彰考館編修《しょうこうかんへんしゅう》となり、武士となったのが、延宝二年三十五歳の時であったから、光圀に仕えてからすでに十八年の歳月が流れていた。

その間、彼は光圀の命をうけて各地に派遣され、『大日本史』編纂のための史料蒐集に重要な足跡を残してきたのであった。

さらに、昨年の元禄四年春から今年五年の春にかけて、湊川へ出発するつい一ヵ月ほど前まで、下野《しもつけ》国(栃木県)の那須国造碑《なすのくにのみやつこひ》の修復と碑亭《ひてい》築造、および二基の車塚《くるまづか》古墳(上・下侍塚《さむらいづか》)の発掘調査について、それぞれ光圀の命をうけて工事総指揮の仕事に従事してきた。

そして今回は、湊川への旅、「楠公碑」建碑工事の現場監督者としての派遣であった。

ところで、介三郎が担当しようとしている湊川の楠公碑の建立は、どのような経過をへて、光圀の実施・発令となったのであろうか。

時は遡って延元《えんげん》元年(一三三六)五月二十五日。楠公は湊川の合戦で殉節討死された。しかし、そのお墓は、石碑・石塔も建てられず、長い間、盛り土だけのものであったという。

それから二百六十年ほど経った文禄《ぶんろく》年間に、豊臣秀吉が検地を実施した際、東西四間・南北六間に相当する墓域を免租地《めんそち》としたと伝えられ、また江戸時代の慶安《けいあん》三年（一六五〇）頃に、尼崎《あまがさき》城主青山幸利《よしとし》によって、塚印《つかじるし》として松と梅の木が植えられ、小さな供養石塔も置かれた。

その後、筑前福岡藩の儒者貝原益軒《かいばらえきけん》が建碑を志したことがあったが、彼は一儒者としての立場で、それを行なうことは僭越であると考え、建碑のことは思いとどまったという。

以後、しばらくの間、楠公碑建碑のことを具体的に計画し、実行に移そうとする人物は現れなかったが、やがてそれを実現させていったのが、水戸の光圀であった。

光圀は三十歳の時から『大日本史』の編纂を始め、いろいろな障害を乗り越えつ、その事業を続けてきたが、長年にわたる国史の研究と学問の深化とにより、心のうちに、日本人の最大指標たる人物として、楠公《なんこう》（楠木正成）を景仰《けいぎょう》し、崇敬する思いが強く燃え上がっていった。

建碑が実現された二年後の元禄七年（一六九四）に、水戸から遥々と湊川を訪ね、楠公碑を拝した史臣の大串元善《おおくしもとよし》（雪蘭）は「拝二スル楠公碑一ヲ文」という一文を書いたが、その中で、

「（光圀公は）嘗て本朝の史を成すに志有り。儒臣に命じて修撰せしむ。毎《つね》に皇統《こうとう》の正閏《せいじゅん》・人物の臧否《ぞうひ》（註、善悪）を論じては必ず楠公を推《お》して間然《かんぜん》すべからずとなし、……景仰の深きことた

だならざるなり」（原漢文、彰考館所蔵『文苑雑纂／三十八』所収）
つまり、自分が仕える主《あるじ》の光圀は、皇統の正閏・人物の是非善悪を論ずるたびに、必ず楠公を第一に挙げ、非《ひ》のうちどころのない人物であると絶賛し深く景仰されていると、元善は深い感動をもって書き記している。

その光圀の「楠公景仰」の帰結として、目に見える形で世に現れたものが、元禄五年の湊川の建碑なのであった。

光圀の建碑の意志はかなり早くからあったようで、延宝七年（一六七九）には、史臣の今井弘済《こうさい》（魯斎《ろさい》）が湊川の楠公墓所を拝して「弔《とむらフ》二楠公正成ヲ一文」を作っており、御墓の荒廃している様子は、光圀も十分承知していたと思われる。

そして貞享年間（一六八四～八七）頃には、同じく史臣の鵜飼金平《うかいきんぺい》（錬斎《れんさい》）を通じて、兵庫広厳寺《こうごんじ》の住持千巌宗般《せんがんそうはん》に、水戸において建碑計画があることが伝えられていた。

それから数年経った元禄三年（一六九〇）十二月、八十歳近い高齢となった老僧千巌は、老い先短い状況を述べ、建碑の一日も早い実現を切望する旨の書簡を鵜飼金平宛に送ってきた。

そこで金平は直ちに、この年十月に隠居し、水戸に帰っていた老公光圀の元へ、千巌の要望を伝えたことから、楠公碑建立のことは急速に進展をみせ、元禄四年二月には、

1 光圀はすでに隠居の身で、表向きは遠慮する必要があるので、実際には光圀自身が企画をし費用も負担するが、表面は広厳寺住持千巌宗般が建立したように取り計らいたい。

2 碑面には、楠公の官職姓名を記し、碑陰には、光圀自身の撰文を彫るようにしたい。

3 建碑工事のために、藩士を一人遣わすことになると思うが、その時期は、春か夏頃になるであろう。

というような計画が、ほゞ決定をみた。

しかし建碑のことは、着工までさらに一年以上の歳月を要することになる。遅れた理由は、「梅里《ばいり》先生碑（寿蔵碑《じゅぞうひ》）」の建立（元禄四年十月二日竣工）や「那須国造碑」修復工事・「車塚」発掘工事（同四年三月～五年春）等々が行なわれていたことによるものであろう。

この間、元禄四年六月には、僧千巌が尼崎へ出向いて、当時の坂本村（湊川）の領主である青山幸督《よしまさ》に建碑工事のことについて了解を求めるため、郡代《ぐんだい》の天野《あまの》八郎兵衛に面会し、建碑の趣旨を説明するなど、現地での準備も進行していた。

そして、いよいよ元禄五年（一六九二）四月二十三日、建碑工事の現場監督として、彰考館総裁佐々《さっさ》介三郎宗淳《むねきよ》が湊川へ派遣され、多年の計画は遂に実現を見ることになった。介三郎は、五月六日に京都に到着した。この湊川への派遣に際し、荷物を担ったりする仲間《ちゅうげん》など数名の供は、当然引き連れていたと思われるが、介三郎の業務を補助するような史臣を伴っていたかどうかについては全く記録が無い。実質は単身派遣であったのであろうか。

京都到着後、約一ヵ月程の間は、烏丸《からすま》上長者町《かみちょうじゃまち》の水戸家御用屋敷に滞在して、いろいろな準備に追われていたようであるが、六月二日に初めて兵庫の広厳寺へ赴いた。

以後の工事の進捗《しんちょく》状況については、日程を追ってごく簡単に記すことにしよう。

◇六月三日、住吉《すみよし》(現、神戸市東灘区住吉地区。御影《みかげ》地区と共に花崗岩《かこうがん》=御影石《みかげいし》の産地)から石工《いしく》等(棟梁《とうりょう》権三郎《ごんざぶろう》)を呼んで工事の計画を示した。石工等は一旦、住吉にもどって、石材の準備をし、

◇七月十九日、石は住吉から神戸の浜まで舟で運

明治初期頃の楠公碑の覆い堂
〈写真は湊川神社提供〉

現今の楠公碑石と覆い堂
〈写真は湊川神社提供〉

ばれ、陸揚げ後は、「牛拾疋《うしじっぴき》」で墓の傍らまで引いてきて、石工三十五人余が小屋掛けして工事にとりかかった。

◇八月初旬には上下の基壇《きだん》が完成し、石工らは住吉に帰ったが、介三郎は京都にもどって碑石と亀の石を制作させ、八月十日に京都の石工五人を引き連れて湊川に出向いた。

◇八月十二日、上壇に揚げる亀石の下を掘って霊鏡《れいきょう》を収め、亀の上に碑石を立てて、着工以来二ヵ月余で一応墓石は出来上がった。

◇十一月十九日、介三郎と京都の書家岡村元春《げんしゅん》、石工六人が再び湊川へ行き、元春が碑陰に彫刻する朱舜水《しゅしゅんすい》の「楠公賛《なんこうさん》」の文字を染筆墨書した。

◇十一月二十二日から石工が碑陰の賛文を彫りはじめ、約一ヵ月を要して十二月二十一日に文字の彫刻が終り、楠公の墓碑は完成の日を見たのであった。

「嗚呼忠臣楠子之墓」碑面
（拓本）
（徳川光圀筆）

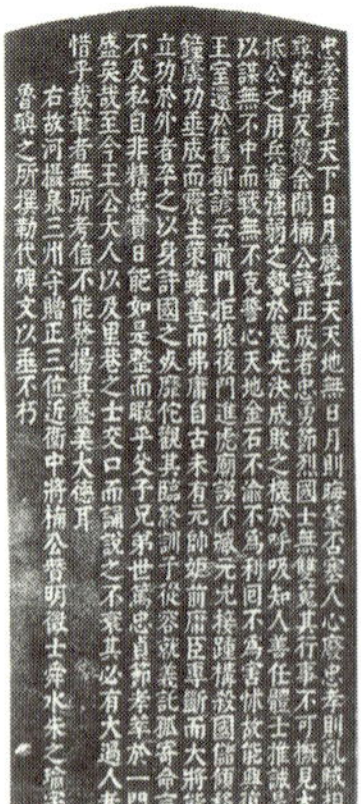

同碑の碑陰／
朱舜水「楠公賛」（拓本）
（岡本元春筆）

建碑工事の総工費は、元禄六年十二月に佐々介三郎が藩庁の役人へ提出した報告書によれば石屋、大工、鏡師、かぢや、さし物屋、ぬり師、坂本村庄屋・同年寄、広厳寺・同寺子などへ支払った細部の金額が記載され、合計金額として「金百八拾三両三分銀八匁三分八厘《小判》」が記されている。現代のお金に換算すると、どれ位の金額になるのであろうか。

以上が建碑工事の概略なのであるが、実は、施工過程で二つの大きな変更がなされている。

その一は、当初、碑面には楠公の官職姓名を刻む予定であったが、変更されて光圀の自筆をもって、「嗚呼《あゝ》忠臣楠子《ちゅうしんなんし》之墓《のはか》」という希代《きだい》の大文字（七月初頃に揮毫され、京都へ送られたと思われる）が刻まれたことである。その経緯は、のちほど少しく解説したい。

その二は、碑陰には光圀の撰文ではなく、日本に亡命して光圀の賓師《ひんし》となった、明国の志士朱舜水が撰した「楠公賛」（「楠木正成像賛三首」の第一首）の文章が刻まれたことである。

朱舜水の「楠公賛」は、元禄五年十月頃に光圀が「文恭《ぶんきょう》文集」（のちに『朱舜水先生文集』として上梓）の中から見つけだし、その写しを介三郎の元へ送り、介三郎が碑面彫刻の仕様で下書きをし（彰考館蔵）、さらに京都の書家岡村元春に清書させて刻んだものが、「嗚呼忠臣楠子之墓」の碑陰の文章となって、世に現れたのであった。

なお、加賀藩主前田綱紀《つなのり》（母は光圀の姉大姫《おおひめ》）が、寛文十年に幕府の御用絵師《ごようえし》狩野探幽《かのうたんゆう》に描かせた

「楠公訣別図《けつべつず》」にも、綱紀の依頼により朱舜水が自書した「楠公賛」が記されている。
「楠公碑陰」の文と「楠公訣別図」の賛文とを比べてみると、僅かではあるが違いが認められる。それについては諸説があるが、碑陰の文は、「楠公訣別図」の賛文とは別個に採取されたとみてもよいのではなかろうか。（参考、木下英明著『文恭先生　朱舜水』）
ところで、六月初め頃から石材の準備が住吉の石工達によって進められていたのであるが、その頃、介三郎は楠木正成の贈官位のことを記した霊牌《れいはい》を、広厳寺《こうごんじ》において発見したという。
その霊牌には、

（前面）　贈正三位羽林《うりん》中郎将　前河摂泉《かせつせん》三州太守　橘《たちばな》　姓《せい》　楠正成之座

（後面）　建武三年丙子五月二十五日於当寺自裁《じさい》

と記されていた（『又続南行雑録』『楠公墓碑記・広厳宝勝禅寺幹縁』）。

このことを介三郎が、何日付けの書簡で史館へ報告したのかは不明であるが、六月十八日付けの鵜飼金平宛中村新八書簡（金平は在西山荘、新八は在江戸）には、

「佐々介三郎方より連名ノ書状参候間指越申候。此中楠公贈官位ノ事其元へも被二申上一候哉」と記されている。

楠木正成の生前の官位は「従五位上《じゅごいのじょう》　行《ぎょう》　左衛門少尉《さえもんのしょう》　兼《けん》　河内守《かわちのかみ》」（建武二年八月二十五日付け、正

成自筆の「法華経奥書」)であったのが、「贈正三位《しょうさんみ》羽林中郎将《うりんちゅうろうしょう》(註、近衛中将《このえのちゅうじょう》)」という昇任贈与が行なわれていたことになる。この「楠公贈官位」のことを知った光圀は、

「殊《こと》の外《ほか》ノ御喜色《おきしょく》、比頃何となく御機嫌おもしろく思召され候ハ此の故ニ御座候との御意の段、御紙面承知致し候……右之儀世間へも早クしらせ度被二思召一《おぼしめされ》候間」

(『記録／一九』元禄五年六月廿五日付け鵜飼金平宛中村新八書簡)

「楠公贈官位」のことを記した霊牌の発見のことは、建碑を始めて間もなくのことであり、光圀や史臣にとって大変な喜びであったと思われる。

一方で、問題も生じてきた。当初は碑面に楠公の官職姓名を彫る予定であったわけである。しかし贈官位のことが発見されたことにより、生前の「従五位上……」の官位を記すべきなのか、「贈正三位……」の贈官位で彫るべきなのか、光圀もかなり迷ったのではないか。

そこで、全く別の発想で、昔、孔子《こうし》が春秋時代の呉《ご》の季札《きさつ》(延陵《えんりょう》の季子《きし》と号す)の墓に題した「嗚《あ》呼有《ゆう》呉《ご》延陵《えんりょう》季子《きし》之墓《のはか》」にヒントを得、「嗚呼忠臣楠子之墓」という希代の大文字を碑面に彫ることに思いを決し、それを隷書《れいしょ》で揮毫して介三郎宛に送ったものと思われるのである。

そして贈官位のことは、碑陰の「楠公賛」の文末に、次の文を以て追加されたのであった。

「右は故河摂泉三州守贈正三位近衛中将楠公の賛、明の徴士《ちょうし》舜水朱之瑜《しゅしゆ》、字は魯璵《ろよ》の撰する

所なり、勒《ろく》して碑文に代へ、以て不朽《ふきゅう》に垂《た》る」（原漢文）という一文が追加されて、「楠公贈官位」のことと、「楠公賛」が朱舜水の撰文であることが明記されたのであった。

しかし、明治の末年頃から、この楠木正成の贈官位が記された霊牌は偽作であるという説が主張されるようになった。明治四十三年の「楠公の宗教信仰に就いて」（『史学雑誌／二十一ノ二』）と題する鷲尾《わしお》順敬氏の論文が偽作説の代表であり、これに賛同する議論も多いのであるが、当時において「楠公贈官位」を記した霊牌を発見した介三郎や、その報告を受けた光圀の感激と喜びとはきわめて純粋なものであり、その心情は察して余りあるものがあろう。

今回の介三郎の長旅の主目的が楠公碑建立にあったことは、これまで紹介してきたとおりであるが、建碑工事が一段落した八月中旬頃から翌六年にかけては史料採訪も実施されており、その史料集が『又続《ゆうぞく》南行雑録』一冊である。同書の彰考館本は焼失し。小宮山楓軒《こみやまふうけん》が文政元年（一八一八）に写した写本が茨城県立歴史館に架蔵されている。表題は『南行雑録』である。

こうして、湊川の楠公碑は、元禄五年十二月二十一日に完成したが、さらに三年後の元禄八年には、碑の覆い堂が建設された。明治初年改築以前の写真（湊川神社提供、本書133頁）を見ると、宝形造《ぎょうづくり》の屋根をもつ仏殿風の建物であったようである。

なお、『楠公墓碑記』（明治十五年七月徳川昭武蔵書本を書写、旧内閣文庫架蔵）の中に、
「（元禄五年壬申六月二日の条……介三郎と石工権三郎が対面し、石の大きさや高さを指定した上で、石は）礱《みが》きにして切合《きりあわせ》、銅《どう》之チキリをしけく入、地震雷動《じしんらいどう》にも石之切口《きりくち》あき不レ申候様にと被二申付一、権三郎慥《たしか》ニ請合《うけあい》住吉に帰る」

と工事開始前の打ち合せで、「銅之チキリ」――銅製の「ちきりじめ」（石を接《つな》ぐために填《う》め込むもの、両端が幅広く、中がくびれて狭い銅製の金具）を――「しけく」（繁く、沢山）打ち込んで、地震などに遭遇しても石の接合部分の口が開いたりしないように、頑丈《かんじょう》に造って欲しいと介三郎は指示し、石工権三郎もそれを請負って工事を開始したと記されている。

碑石の建立から三〇三年後の平成七年一月十七日、阪神地方を襲った「阪神淡路大震災」は甚大な被害をもたらしたが、神戸市在住の友人の報告によれば、「境内の鳥居《とりい》や灯篭《とうろう》は倒れてしまったものの、本殿と大楠公碑は無事」で、支柱が折れて倒壊した碑邸（覆堂）の一部が、碑石に当って上部角がわずかに欠損した程度で、碑石そのものは全く無事であったという。

それはまさに「地震雷動にも石之切口あき不レ申候様に」との佐々介三郎の的確な指示と、その工事を請負った石工権三郎らの職人魂の顕れであったと言えるであろう。

史臣の大串元善は、前掲の「拝二楠公碑一文」（元禄七年）の中で、

「則ち楠公の忠は、我が公（徳川光圀のこと）に因《よ》りて愈々著《いよいよあらわ》れ、我が公の志は、楠公に因りて見《あらわ》る、を得たり」

と、楠公と光圀の心は三百五十数年の時空を越えて感応しているのだ、と書き記している。

光圀の終世の本願を形で表わした湊川の楠公碑は、以上のようにして現場監督である佐々介三郎の旅人生の、最後の大仕事とも言える見事な采配《さいはい》によって完成され、世に姿を現わした。

この「嗚呼忠臣楠子之墓」の碑ほど、後世に大きな影響を残したものは他にないであろう。

徳富蘇峰はその大著『近世日本国民史／徳川幕府思想編第十九章』において、

「……しかも一碑のために、天下の人心かくまで感化したるは、恐らくは、他に比例があるまい。この建碑は、ある意味においては、『大日本史』を具体化したものであった」

と評し、また佐々木照山《しょうざん》（衆議院議員）は『文学界／義公号』（明治四十四年六月発行）掲載の「義公論」の中で、

「元禄五年に光圀が此の碑を湊川に建てた事が、時の将軍徳川綱吉《つなよし》に向って其の頭上に一撃を加へたと同様に当る事は……、湊川で名も無き一石工が、カチ〳〵カチ〳〵と石を穿《うが》つ鑿《のみ》の音は、遠く江戸表の千代田の城の礎《いしずえ》を打ち砕《くだ》く玄翁《げんのう》となったことは疑はれぬ」

と、たいへん面白い評価の言葉を述べている。

幕末において、久留米の真木《まき》和泉守が、長州の吉田松陰が、薩摩の西郷隆盛が、楠公碑を拝して涙し、王政復古の実現を決意した。そして福井の勤王歌人として有名な橘曙覧《たちばなのあけみ》は、

湊川《みなとがわ》　み墓《はか》の文字は知らぬ子も　膝《ひざ》折りふせて　嗚呼《あゝ》といふめり

と、しみじみと心に染み入る名歌を残したのであった。

[6] 「安倍仲満論」に見る佐々介三郎の思想

一　安倍仲満＝阿部仲麻呂という人物

佐々介三郎の著作文を収録した『十竹遺稿』（彰考館蔵）の中に、「安倍仲満論《あべのなかまろろん》」という一文がある。彼の思想の根幹を知る上で、最もすぐれた内容を持つ文章と言えるであろう。

「安倍仲満」は、一般には「阿部仲麻呂《あべのなかまろ》」と表記されているので、原文引用の場合を除いては、原則的に筆者も「阿部仲麻呂」と表記することにしたい。

『大日本史／列伝二一（巻一一六）』によって、阿部仲麻呂の略歴をたどってみよう。

仲麻呂は、奈良時代初期、元正《げんしょう》天皇の霊亀《れいき》二年（七一六）十六歳の時に留学生に選ばれて、翌養《よう》老《ろう》元年に唐《とう》へ渡った。そして学問大いに進み、やがて姓名を易えて朝衡《ちょうこう》（又は晁卿《ちょうけい》）と称し、時の皇帝玄宗《げんそう》（在位七一二〜五六）に仕えて唐朝の官吏となった。

役職地位も次第に昇任して「秘書《ひしょ》兼衛尉卿《えいいけい》」となり、李白《りはく》や王維《おうい》など一流の文人と交わり、名声も大いに高まった。

その後天平《てんぴょう》勝宝《しょうほう》四年（七五二）藤原清河《きよかわ》が第十回遣唐大使として入唐《にっとう》し、その任が終って帰国する時、仲麻呂も三十五年ぶりに帰朝することになり、一緒に乗船したが、海上で激しい暴風に遭遇し、はるか南方の安南《あんなん》（現在のベトナム中部）に漂着した。

そこで再び唐の都長安《ちょうあん》へもどり、玄宗の次の皇帝粛宗《しゅくそう》（在位七五六～六二）に仕え、遂には「光《こう》禄大夫《ろくたいふ》兼御史《ぎょし》中丞《ちゅうじょう》北海郡《ほっかいぐん》開国公《かいこくこう》」という地位に進み、食邑《しょくゆう》（領地）三千戸を支給されるという厚遇を受けた。

そして遂に、故国日本の土を踏むことなく、宝亀《ほうき》元年（七七〇）正月、七十歳で唐土に歿したのであった。

時の光仁《こうにん》天皇は、宝亀十年（七七九）に勅《ちょく》を以て仲麻呂の遺家族に絹綿《きぬわた》などを賜り、さらに平安時代に至り、仁明《にんみょう》天皇は承和《じょうわ》三年（八三六）詔《みことのり》を以て、彼に正二位を追贈された。

天《あま》の原《はら》　ふりさけみれば春日《かすが》なる　三笠《みかさ》の山に　出《い》でし月かも

という有名な歌は、彼が帰国のために明州《めいしゅう》に赴いた折りに詠ったものであるという。

このような阿部仲麻呂を、後世わが国では、李白や王維などの大詩人と交わって名声を博した事歴をもって絶賛し称揚してきた。今日に至っても、その評価はほとんど変わっていない。

二　佐々介三郎の「安倍仲満論」

ところが、そのような古来からの一般的な評価に対し、介三郎は自ら「安倍仲満論」を著して、阿部仲麻呂の在り方・生き方を厳しく批判しているのである。

介三郎は、奈良時代の正史である『続日本紀《しょくにほんぎ》』の、安倍仲満のことが記されている箇所を読むたび毎に、手にしていた書物を置いて大きな溜息をつかざるを得ないと言い、

「予《よ》を以て之を観《み》るに満は啻《ただ》に不忠不義の人に匪《あら》ず亦復叛臣《またまたはんしん》なり」（原漢文、以下同）

と、満＝仲麻呂は、不忠不義の人どころか叛臣であると主張し、その理由を「安倍仲満論」の中で以下のように説明する。

それは、元正天皇が仲麻呂を唐に派遣されたのは、彼が学業を立派に修め、やがて帰朝の上は、わが国の政治・文化の発展に大いに役立って欲しい、と希望されたが為である。

ところが仲麻呂は、先祖代々、朝臣として恩恵に充分与《あずか》ってきた家の出身でありながら、ある日突然、父母の国である故国を棄てゝ、外国の君主に仕えて官吏となり、姓名さえも改めてし

まった。これを不忠不義と言わずして許されるであろうかと、介三郎は厳しく追求する。

そして次のような例を挙げて、不忠不義の理由を説明する。

ある狩猟《しゅりょう》の好きな人がいて、日頃からたくましい若者を育成していたとする。たまたま韃人《だつじん》（モンゴル系民族）が猟《りょう》の技術にすぐれていることを聞き、早速若者をその地に遣わして数年間猟の技術を学ばせた。やがてその若者の技が習熟し、韃人のそれをも凌《しの》ぐほどになった。ところがその若者は、そのまゝ彼の地にとどまって官職につき、俸禄も受けるようになってしまった。これは義《ぎ》（正しいこと）であるか、それとも不義《ふぎ》（間違ったこと）と考えるか。仲麻呂が唐にとどまったことは、これと全く同じではないか。と介三郎は指摘する。

そして、右のような指摘をすれば、世の人々は仲麻呂を次のように弁護するであろう。

「いや、仲麻呂は藤原清河《きよかわ》とともに、同じ船に乗船して帰朝しようとしたのに、海上で暴風に遭遇して安南《あんなん》に漂泊したのです。ですから再び唐に戻って留まることになったわけで、あなたは、どうして深く仲麻呂を罪することができるのですか」（筆者、意訳）

と、これに対し介三郎は、一段と厳しく論駁《ろんばく》する。

昔、前漢の臣蘇武《そぶ》は、武帝の命により匈奴《きょうど》に使いして捕われ、非常な艱難を嘗《な》めたが、遂に節操を曲げず、故国漢に帰ってきたではないか。

「満に若し武の志有らば、則ち豈一颶風《ぐふう》の故を以て、帰朝の志を喪《うしな》はんや」

若し、仲麻呂に蘇武のような志があったならば、一度位の暴風でおじけづき、帰国の志を棄て、しまうようなことは無かったであろう、と。

そしてさらに介三郎は、問題を深く掘り下げてゆく。

世の人々は言うであろう、「あなたの主張する不忠不義の理由はわかった。しかし叛臣とまで決めつけるのは、甚だし過ぎるのではありませんか」と、そこで介三郎はこれに答えて、

「不幸にしてわが国と唐の国とが兵を構え、蒙古《もうこ》襲来のような戦争状態が起こったと仮定します。その時、仲麻呂はどうしますか。唐王朝のために働きますか。それともわが日本国のために戦いますか。

俸禄《ほうろく》を受けている者が、その王朝や国の難に殉じ、その為に死するのは古今の通義です。従って仲麻呂が干戈《かんか》（武器）を執《と》ってわが国に攻めてくることは当然のことであります。とすれば、これは叛臣でなくして何でありましょう」（筆者、意訳）

と指摘する。加えて、言外の意味としては、若し仲麻呂がその戦いにおいて、日本側に味方したらどうなるのか。

言わずと知れたこと。唐朝から見れば、皇帝の官吏でありながらそれを裏切るわけであるから、

それこそ反逆罪に問われることになるであろう。だからいずれにしても「叛臣」なのだ。これが介三郎の主張の本筋と言えるものであったろうと想像される。

そして介三郎は、仲麻呂はこういう生き方をした人物なのであるから、その死後は当然わが朝廷において彼を除名し、後世人臣の戒めとすべきであったのに、四十九代光仁天皇と五十四代仁明天皇は、詔勅《しょうちょく》まで下して仲麻呂を称揚されたのは、誠に遺憾なことであると述べ、最後に、

「嗚呼《あゝ》満《まろ》の学ぶ所は何事ぞや。蓋《けだ》し詞章《ししょう》の末枝《まっし》のみ。詞章の名教《めいきょう》を補ふこと無きは一に此《ここ》に至るか。吁《あゝ》。」

と結んだのであった。

阿部仲麻呂死して幾百年。介三郎の時代まででも九百年。この間、仲麻呂という人物に対して、これほど厳しい批判を為した者が居ったであろうか。

もちろん介三郎自身においても、仲麻呂の詩文の才能は充分に認めていたであろう。

しかし人としての在り方・生き方、つまり出処進退において、正しい力を発揮するのでなければ、それは何のための学問なのか。仲麻呂が学んだのは学問ではなく、詩や文章を作るための学術・学芸ではなかったのか。

介三郎はこのように考え、人の道、究極において日本人としての道義道徳に照らし、その人物

の出処進退を判断した結果、阿部仲麻呂に対して、これまで述べてきたような厳しい論断を下すに至ったものと思われる。

この介三郎の「安倍仲満論」は、その後、安積覚兵衛撰の『大日本史論賛《ろんさん》』の「阿部仲麻呂等伝賛」に支持採用され、また幕府儒官の室鳩巣《むろきゅうそう》も「仲麻呂論」について、覚兵衛からの教示をうけて「是にて拙者も初めて合点いたし、只今迄気付《きづき》申さざる事に存じ候」と、納得したということである。

さらにまた、藤田東湖は『弘道館記述義《こうどうかんきじゅつぎ》』の「俗儒曲学《ぞくじゅきょくがく》、此《これ》を舎《す》て、彼に従《したが》ひ」の中で、古のことを論ずる人は、学問の該博なることにおいては吉備真備《きびのまきび》を、詩歌文章にすぐれた人物としては阿部仲麻呂の名を挙げるが、私（東湖）から見れば、「此を舎《す》て、彼に従ふ」ような弊害が出てきたのは、みなこの二人に原因があるのだと言い、仲麻呂は、

「自分の主君と親とを捨てて、大切なる人倫道徳を廃し、北面《ほくめん》して唐の皇帝の前に臣と称して仕えた」（筆者、意訳）

と、厳しく論難したのであった。

この東湖の論の主旨こそ、まさに佐々介三郎が指摘し、批判したところであった。介三郎が歿して百五十年後、「安倍仲満論」は生きていたと言ってよい。

前述の「彰考館史臣の活動Ⅱ」――(3)『重修紀伝義例』の作成(元禄九年)の項で紹介した「薨《こう》・卒《しゅつ》・死《し》の書法」の議論が、「内外《ないがい》の弁」(自国と外国との区別)を明らかにしたものであるならば、この「安倍仲満論」は「君臣《くんしん》の義《ぎ》」を明確に論じたものと言える。

幕末激動の時期において、藤田幽谷、会沢正志斎、藤田東湖らによって唱道確立され、明治維新を導いていった尊王攘夷思想の原理は、水戸藩の前期、徳川光圀に仕え『大日本史』の編纂に携わった史臣の一人である佐々介三郎宗淳においても、すでにその根本が確立されていたと理解することができるであろう。

7 晩年の佐々介三郎

一　楠公碑建立完成後の介三郎の動向

元禄五年（一六九二）十二月二十一日に、湊川の楠公碑建立は完了したが（碑の覆《おお》い堂は、三年後の元禄八年に別途建設）、介三郎はその後も京都に滞留して、翌六年の秋頃までは史料の蒐集にあたっていたようで、「元禄六年酉十二月」付けで、介三郎は建碑事業の決算報告書を藩政府に提出しており、江戸に帰ってきたのは十一月末か十二月初めの頃であったと思われる。その後は、江戸史館において総裁としての業務に携わっていたのであろう。

まもなく、黄門老公光圀が将軍綱吉の命により江戸に出府してきた。

元禄七年二月二十八日光圀は西山荘を発って、三月四日に小石川藩邸に到着した。それから翌八年一月十六日に水戸へ帰るために藩邸を出発するまで、約十ヵ月余の間江戸に滞在した。介三郎にとっては湊川へ派遣されて以来、約二年ぶりの光圀との久々の対面であった。

八年一月に西山荘へ光圀が帰って以後、介三郎の動静を示す記録は乏しいが、『日乗上人日記』の八年八月二十八日の条には、介三郎へ或ることで相談したいので来てほしいと伝えたところ、気分が良くないので行けないとの返事があった、と記されているのを見ると、その頃は西山荘の駐在勤務(史臣が交替で西山荘に詰めること)であったのではないかと思われる。

また十月九日には、西山荘で「爐《ろ》の御ひらき」祝いがあり、珍しく「十竹《じっちく》」の雅号で、

いつしかに　冬たつ夜半《よわ》は火にむかひ　心をすます　木からしの風　　十竹

という和歌を詠んでいるので、八年十月頃には、西山荘に駐在していたことは確かである。

次いで、元禄九年春以降になると、『日乗上人日記』に介三郎に関する記事がしばしば見えて来る。特に五月末から七月にかけては、『重修紀伝義例』の議定作成の業務にも総裁として当然携わっており、中でも「薨《こう》・卒《しゅつ》・死《し》」の書法に関しては、江戸にいる中村新八・安積覚兵衛の両総裁と書簡のやりとりをして、論争を展開したことは、すでに前述(5彰考館史臣の活動Ⅱ―一―(3))したとおりである。

その際、介三郎は両総裁に対する六月十九日付け回答書簡の案文《あんもん》を書き上げると、すぐさま光圀に上程して披閲を願い出ているので、やはりその頃、介三郎は西山荘の光圀の側に詰めていた

と推定できる。

二　西山荘の老公光圀に近侍

それから間もなく、介三郎は史館総裁の職を退任したい旨、藩庁に願い出たようである。その申請に対し、七月十日付けで藩庁から「佐々介三郎へ被二仰《セ》渡《サ》一」（『記録／二四〇』所収『江戸史館雑事記』）という令書を受けた。現代語で意訳して紹介しよう。

「其方《そのほう》事（註、介三郎）は、筋目《すじめ》のしっかりした者なので、藩のそれ相応の役職に付かせたかったが、仕官以来、史館の仕事をしていたので、今日までそのまゝにしておいた。

しかしだんだん年もとり、近年は病気がちでもあるので、総裁職の辞任を認め、長い間の骨折りに報いるため格式《かくしき》小姓《こしょう》頭《がしら》列《れつ》に任ずることにした。しかしながら実務に就くことは、病気が本復するまで免除するから、近いうちに西山荘に参上して、（光圀公の）話相手をしたり、また時折江戸へも出府して、できる範囲の御用を勤めてほしい。なお妻子については、江戸に住むのも、西山に住むのも自由にするのがよかろう」

という内容で、延宝二年仕官以来の、介三郎の二十数年にわたる献身的な奉公に対する、藩庁及び光圀からの懇ろな慰労の言葉であり、彼の余生に暖かい配慮が示されたものであった。

介三郎は五十七歳。七月十二日に正式に史館総裁を退任し、「格式小姓頭」(主君の側近に仕える役職の頭取の待遇を受ける)という立場を与えられて、光圀に近侍することになった。

そして八月以降になると、介三郎は西山荘近くの不老沢《おいぬさわ》に家屋敷を賜い、妻淡河《あいかわ》氏とともに移り住んだ。『桃源遺事／巻五』の「西山にて召仕《めしつかわ》れ候者之覚」の中に、不老沢に住した者として、大森典膳《てんぜん》(家老)・佐々介三郎(格式小姓頭)・鈴木宗與《そうよ》(医者)・朝比奈半次《ひなはんじ》(格式小納戸《こなんど》)・劔持與兵衛《けんもつよへえ》(格式小納戸)の五人の名前が記されている。

不老沢は、近代以降、灌漑用水として水が溜められ沼池となっているが、昔は、西山荘勤務の武士のための家屋敷が建てられていたのであった。

現在は、不老沢沼池の東端の山際に沿って、木製の桟道《さんどう》が造られ、その奥にあったという介三郎の屋敷跡地と井戸跡と称される場所を訪ねることができる。

なお、右の「覚」には割註が付され、西山荘での各人の奉

不老沢の佐々介三郎の居宅跡地と井戸跡

公状況が簡単に説明されている。

佐々介三郎　［格式小姓頭也。西山を相務《あいつとめ》候。西山ニて万事御用共相達申候。

宅は不老沢に有、御逝去二三年前に死。］

と記されており、元禄九年八月以後、同十一年六月に逝去するまでの間、『日乗上人日記』を見ると、頻繁に佐々介三郎との関わりが記録されている。

それは、西山荘の光圀のお側近くに仕え、久昌寺摩訶衍庵主《まかえんあんしゅ》の皆如院日乗《かいにょいんにちじょう》との連絡を取り持つ、大事な役割を彼が担うようになったからであろう。

三　佐々介三郎宗淳の最期

西山荘の黄門老公光圀に近侍して約二年、介三郎は五十九歳を迎えた。

彼は必ずしも強健な体ではなかったようで、往復書案を見ると、史料採訪の旅の途中でも、体調不良を訴えていたことがあった。当時としては老齢期に入る五十九歳。長年にわたる旅の疲れも出てくる年齢でもあった。

元禄十一年（一六九八）の五月二日、妻の淡河《あいかわ》氏が亡くなった（享年三十五歳）。

妻の逝去は、介三郎にとっても深い悲しみであったであろう。間もなく彼自身が発病して、五月末頃には重体になったようで、六月二日付けの中村新八・栗山源介宛、安積覚兵衛書簡によると、時折発熱が激しく「瘧（おこり）の様成《ようなる》病気」と聞いており、「おこり返し」があるようである、と報じられていた。

この「瘧（おこり）」というは、隔日または毎日一定時間に発熱する病気で、「今日でいうマラリアであり、三日熱四日熱、悪性マラリアなどがあったらしい」（石島弘著『水戸藩医学史』所収「原南陽の著述」解説の項）という。介三郎はその瘧・マラリアに感染したのであろうか。

そして六月五日付けの新八・源介宛、覚兵衛書簡には、

「介三殿、先月晦日《みそか》（五月三十日）夜より気分悪段々息つまり、三日ノ夜五ツ半頃（午後九時過ぎ）

被レ致二死去一候」

と記されており、また逝去のことや葬儀について、『日乗上人日記』を見ると、

六月二日「佐々介三郎所へ見舞いにゆく。尚謙《しょうけん》（註、森儼塾）などニあひて帰る」

六月三日「佐々介三郎死去。戒名十竹居士《じっちくこじ》」

六月六日「増井《ましい》正宗寺《しょうじゅうじ》へ介三郎葬あり。依レ之、予も日比《ひごろ》ノ旧識也とて為二諷経《ふうきょうの》一（読経のこと）往《ゆ》ク。巳刻《みのこく》（午前十時頃）ノ由なれど雨故延引して午《うま》ノ前（正午前頃）ニ葬《そう》あり。

くわん(棺)を仏殿ノ前ニおきて、先、和尚引導《いんどう》ノ句唱《くとなえ》ラル。……予(日乗)ハ仏殿ノすミノ方ニ慈縁《じえん》、海音《かいおん》を後《うしろ》ニ立テ、立ツ。衆徒《しゅと》退散ノ比《ころ》出で、机ニヨッテ焼香《しょうこう》シテ退散。……葬ヲ儒者ノ儀式なれバ、引導ノ句斗《ばかり》ニ而誦経《ずきょう》なくて先《まず》、山へ葬リテ後ニ方丈ニテ諷経《ふうきょう》廻向《えこう》あるよし聞ゆ。……」

と、「二十年来ノ友なれバ」と日乗が、同年五月八日の『日記』に語っているように、懇ろに介三郎の葬儀の様子を書き記している。佐々介三郎宗淳の享年は、五十九歳であった。

介三郎の亡骸《なきがら》が埋葬され墓が営まれたのは、誉田《ほんだ》村増井《ましい》(現常陸太田市増井)の臨済宗大瑞山《だいずいさん》勝楽寺《しょうらくじ》の墓地であった。還俗して武士となっていたとは言うものの、元は臨済宗妙心寺の禅僧であった縁から、養嗣子の藤蔵宗立《とうぞうむねたつ》(後述する)が、同じ宗旨の勝楽寺墓地に埋葬したのであろう。

墓碑は、藤蔵が宝永元年(一七〇四)に建立し、介三郎の同僚史臣であった安積澹泊(覚兵衛覚)が碑文を撰した。後に勝楽寺は廃寺となり、隣接する万秀山正宗寺《ばんしゅうざんしょうじゅうじ》の寺域

佐々介三郎宗淳の墓地(平成19年撮影)

に合併されて?、今に至っている。

現在、佐々介三郎の墓地内には、供養碑と墓誌碑が建てられている（昭和六十三年八月、佐々家の縁者が建立）。

四　介三郎墓地の所在地異説（男木島説）

こゝで、異説というか、椿説《ちんせつ》というか。介三郎の墓地が、四国瀬戸内の男木島《おぎじま》（高松市男木町）に存在するという、珍しい情報を紹介させて頂こう。

十数年前、香川県歴史研究会のK氏から手紙を頂いた。加えて、男木島の町の風景写真二葉と墓石の写真二葉が同封されていた。K氏の手紙によると、
○　男木島在住のF氏から「佐々宗淳の墓地が浜の近くにあるので見てほしい」といわれて拝ませて頂いた。「数年前に土中深く埋もれていたのを掘り出して墓石を奉《（祭カ）》っている」そうである。
○　F氏の言うには「代々口伝にて佐々宗淳の墓だと言われておりました」。
○　K氏は、拙著『新版佐々介三郎宗淳』（錦正社発行）を読まれて、

「先生の本では、瀬戸の小島で生まれたそうですが、没年と没地は常陸太田市とあり、讃岐男木島との係わり、墓地との関係が不明です。墓地の写真を同封しましたのでよろしくご指導の程……」

とのコメントが書かれていた。

○同封の墓石の写真二葉のうち、一葉(a)の裏面には「以前奉られていた場所」、一葉(b)の裏面には「同じ墓地内に移転された宗淳墓石」と添え書きがあった。

(a)「以前奉られていた場所」写真

(b)「同じ墓地内に移転された宗淳墓石」写真

右のK氏からの問合わせについて、筆者なりに種々検討してみると、

＊　筆者は、現地墓地を訪ねて墓石を実見したわけではないので、断定的なことは言えないが、写真から見ても、現在では墓石に彫られていたと思われる文字が、見えないような状態であること。また、K氏の手紙の文面にも、墓石の文字のことは記されていないこと。

＊　現地男木島のF氏は、「代々口伝《くでん》にて佐々宗淳の墓だと言われておりました」と語っておられたとのことであるが、史料・記録を根拠としての言葉ではない、と思われること。

＊　佐々介三郎は、寛永十七年（一六四〇）旧暦五月五日に、瀬戸内の一小島で誕生し、間もなく大和の大宇陀に住んで成長し、十五歳から京都の妙心寺の禅僧、三十四歳で還俗、次いで江戸に出て、三十五歳から五十九歳で逝去するまでは水戸藩士という人生を送ったのであるが、筆者が調査蒐集できた限りの史料記録からは、四国讃岐《さぬき》の高松方面に足を踏み入れた形跡は見当らない。

つまり、関西諸方面、九州・中国・北陸への採訪は確かに実施しているが、残念ながら四国方面への採訪は行なっていない。

＊　前述の「上編―1―二　介三郎の誕生」の項で紹介したように、介三郎が生まれた寛永十七年（一六四〇）には、讃岐高松の生駒家で一種の御家騒動が持ち上がっており、その対立激化の

中で、大勢の藩士やその家族・縁者が船で高松を脱出したと言われている（介三郎の父佐々直尚一家もその一例である）。

その脱出者のことを「先退《せんたい》」と称したそうであるが、「生駒家廃乱記／付録」（『香川叢書／第二』所収）に「生駒家先退　切腹」の記録があり、立退先や船中で自害した者も多数あったと伝えられている。右の記録の中にも「佐々」の姓で記されている武士が複数散見する。

＊

男木島に残る「佐々宗淳」の墓というのも、実は「佐々姓」の何れかの人の墓であったものが、近現代以降の講談や映画、殊にはテレビの「水戸黄門」の人気の影響などもあって、「助さん」こと佐々介三郎宗淳と結びつけられたのではなかろうか。

＊

今でこそ、テレビ等で全国的に有名になった佐々介三郎であるから、「佐々姓」との縁故に誇りを持ち、血脈《けちみゃく》の所縁《ゆかり》を求める人々も、少ないとは言えないかもしれない。

しかし江戸時代前期の元禄頃に、水戸の光圀に仕える藩士・史臣として一部には名前も知られていたであろうが、生誕後一度も訪ねたことがない瀬戸内の男木島に、墓石が建立され、「佐々宗淳」の墓石と擬《なぞら》えられるほど知名度が高かったとは考えられない。

ましてや逝去当時において、二百年、三百年後の後の世に、講談・映画・テレビで全国に知れ渡るような状況になるとは、想像もし得なかったと思われるのである。

＊　しかも、介三郎の父直尚をはじめ彼の兄弟達も、概ね大和の大宇陀を中心に生活をしていた（松山織田家の家臣として江戸詰であったり、柏原《かいばら》織田家の家臣として丹波の柏原に移った一族もいるが）のであって、瀬戸内の男木島に在住して、同族の水戸藩士であった佐々介三郎宗淳の墓を、其処に営むような関係をもった人物はいなかったと考えられる。

＊　香川県のＫ氏から、手紙に写真を添えて興味ある情報を提供して頂いたが、筆者としては、男木島の「佐々宗淳」墓石説は、信憑性《しんぴょうせい》を欠くものと結論せざるを得ないのである。

8　水戸史臣・佐々介三郎の家族

一　介三郎の妻女のこと

介三郎の妻女については、実のところ詳しいことは判らない。

安積覚兵衛（澹泊）が撰した介三郎の墓碑「十竹居士佐佐君之墓」の碑文によると、

「始め志村《しむら》氏を娶《めと》り、先づ歿し、後に淡河《あいかわ》氏を娶る。子無く二女を生む」（原漢文）

と記されていて、先妻と後妻（継室《けいしつ》と書す）の二人の妻女がいたことは確かなようである。

しかしその二人については、『耆旧得聞《ききゅうとくぶん》』『耆旧得聞付録』「中村良直雑記」「郷党遺聞《きょうとういぶん》」等に収録されている断片的な記事はあるが、必ずしも一貫した内容とは言い難いものがあるので、筆者は、それらの記事をいろいろと比較検討した結果、次のように推定してみた。

まず先妻は、堀市正《ほりいちのかみ》という人の家臣志村氏の女で、「中村良直雑記」「郷党遺聞」に逸話として

記されている話に登場する女性であったと思われる。その逸話とは、

「婚姻ノ夜莫蓙《ござ》一枚ヲシキモノトシ、宗淳カ妻タルモノ宜《よろし》クコレニ安《やす》ンスヘシト云ハレシトナリ」

と、婚礼の夜に、介三郎はゴザを一枚敷いて、私の妻たる者はこのような粗末な夜具でも満足して欲しいと話したということであった。それがいつ頃で、介三郎が何歳位の時であったのかも不明である。その志村氏との間には、子供は生まれなかったようである。

先妻志村氏の墓の所在は筆者も知らないのであるが、常陸太田市正宗寺にある介三郎の墓地内に建てられた（昭和六十三年八月建立）供養碑には、「蓮光院淳室妙照禅大姉《れんこういんじゅんしつみょうしょうぜんだいし》」と戒名が記されている。志村氏の逝去当時の戒名をそのまゝ刻んだのか、供養碑建立に際して新たに受けられた戒名を刻まれたのか、その辺の事情については、筆者も確認をしていない。

次に継室の淡河氏は、『耆旧得聞付録』に「酒井越前守妾《しょう》也、子無く二女を生む」と記されている女性で、介三郎との間に、男子は生まれなかったが、二人の女子を出産している。

長女については、『水府系纂』に「水戸家の奥方に仕え、家臣三木幾衛門之言《ゆきとき》と結婚した」とある（愛知県の吉田氏所蔵『肥後国前野佐々氏系図』には、「水戸中納言綱条公之簾中《れんちゅう》」に仕えたとより詳しく記載）。次女は、『系纂』には「松平土佐守豊方《とよかた》奥方に仕えた」と記されているが、「豊方」は誤記

で、右『系図』(吉田氏所蔵)記載の「豊隆《とよたか》」が正しいと思われる。なお松平土佐守は、土佐高知の「山内家」のことで、豊隆は六代藩主となった人物である。

ところで、介三郎の二度の結婚年齢は不明であり、その住居についても、光圀に仕官して以後は、概ね小石川藩邸内の長屋住まいであったと思われるが、光圀が隠居して水戸に帰ってのち、また西山荘に隠棲されて以降、介三郎が、水戸に移居していたかどうかは定かではない。

『江戸史館雑事記』(『記録/二四〇』)の元禄四年三月の条に、介三郎が、光圀の指示を水戸から江戸の史館へ申し伝えてきたことに関して、

「黄門君水戸ニ被レ成二御座一、介三郎も水戸ニ相詰罷在《まかりあり》候節也」

と記されており、また四月からは那須国造碑修復工事の総指揮を担当しているので、一応は、江戸住まいが主で、奉公勤務の状況に応じて、水戸の彰考館へ出向いたり、交替で西山荘に詰めたり、那須国造碑修復工事のために湯津上《ゆづかみ》村へも出張していたのであろうと推定される。

ただし、前節でも触れたが、介三郎は元禄九年七月に史館総裁を引退したのちは、八月頃から西山荘近くの不老沢《おいぬさわ》の住居に、夫婦で移り住んだことは確かなようである(約二年間)。

淡河氏は、元禄十一年五月二日に亡くなっている。『日乗上人日記』には、

「佐々介三郎内儀《ないぎ》去二日ニ死去、……二十年来ノ友なれば、内証《ないしょう》へ入テあひて悔《くやみ》ヲいひし也。

「……戒名ハ、珠光院馨室凉《じゅこういんけいしつりょう》和《わ》禅定尼《ぜんじょうに》トいふ也。土葬ニ而極楽寺《ごくらくじ》ニ而葬る也」

と記されている。

墓が営まれた（仁王山）極楽寺は、久慈郡誉田《ほんだ》村新宿《あらじゅく》（現常陸太田市新宿町）にあった浄土宗の寺であったが、その後廃寺となり、現在は墓地のみが残っている。昭和三十七年十一月のある日、大学の卒論「佐々宗淳の伝記的研究」の作成に取り組んでいた筆者は、極楽廃寺の墓地を訪ねた。めざす継室淡河氏の墓石は容易に見つからず、墓地内の巡回捜索を何度も繰り返しているうちに、やっと墓地の北隅、生い茂った草叢の中に横倒しとなり、半ば土の中に埋もれた淡河氏の墓と思われる墓石を見つけ、用意したタワシと水でドロや汚れを洗い落としてみると、

碑面には「十竹居士《じっちくこじ》継室《けいしつ》淡河氏《あいかわし》之墓《のはか》」

左側面には、

□

女元禄十一年戊寅五月□

不老沢宅享年三十五葬于新宿極楽寺□

光院馨室凉和　　孝子佐佐宗立□

と刻まれていた。

十竹居士継室淡河氏之墓
（常陸太田市新宿
極楽廃寺墓地）

紛れもなく継室淡河氏の墓石であった。ただ残念なことは、第一行目が剥落していて、出自《しゅつじ》を示す部分が全く判読できないことであったが、享年三十五歳の若さで亡くなったことが判明したのは有り難いことで、早速、野の草花を採って手向け、拓本を採取した。

右の継室淡河氏の墓碑については、実はすでに昭和十年十月発行の吉原干城著『太田盛衰記』にも「極楽寺跡」として紹介されている。当時においても墓石はかなり剥落していて判読不能な部分も多く、筆者が再確認した約二十数年後の状態とほゞ同様であったと考えられる。

二　介三郎の養嗣子藤蔵宗立

後継男子が生まれなかった介三郎は、次兄彦右衛門宗信《むねのぶ》の次男藤蔵宗立《とうぞうむねたつ》を養子に迎えた。『水府系纂』によれば、藤蔵は元禄六年十二月二日に切符《きっぷ》（蔵米《くらまい》の給付を受ける切米取《きりまいどり》のこと）を賜って小十人組《こじゅうにんぐみ》に属した。養父介三郎が元禄十一年六月に亡くなった後、家督を相続して介三郎の本禄三百石の内から百五十石を支給されて進物番《しんもつばん》（進献物を司る役職）になった。

彼は、三木左大夫之幹《ゆきもと》の養女（実父は三木仁兵衛高之《にへえたかゆき》）を妻に迎えたが、彼もまた男子に恵まれず、宝永元年（一七〇四）九月十六日に三十歳の若さで亡くなったため、佐々介三郎宗淳の直系は「嗣《し》絶《ぜつ》」となった。藤蔵宗立の墓のことは、『水府系纂』には記述がないが、『肥後国前野佐々氏系図』には「葬水戸久昌寺」と記されている。多分、稲木村の旧久昌寺の墓地のことであろう。現在の久昌寺墓地に彼の墓があるかどうかは、筆者も未調査である。

藤蔵は、彼自身が亡くなる四ヵ月前の宝永元年五月一日に、太田増井の勝楽寺墓地（のち正宗寺に合併?）に養父介三郎の墓碑を建立しているので、ほゞ同時期に養母淡河氏が埋葬されている極楽寺に墓碑を建てたのであろう。藤蔵にとっては最後の孝行であったわけである。

なお、元禄十一年五月二日に亡くなった妻淡河氏の埋葬地を、浄土宗《じょうどしゅう》の仁王山極楽寺《におうざんごくらくじ》墓地に決めたのは夫の介三郎であったと思われるが、妻が浄土宗の信仰をもっていたことによるものであろうか。前節で紹介したように、介三郎の墓地は臨済宗の勝楽寺（のち正宗寺）である。同じ太田村内の、別々の寺に葬られた理由は、宗旨を重んずる当時の風習に因るものであったのかどうかは定かではない。以後、かっての史館総裁佐々介三郎宗淳の墓は別として、その継室淡河氏の墓には、墓参に訪れる人もなく無縁墓となっていったのであろう。

近年、久しぶりに極楽廃寺墓地を訪ねてみた。墓を守るべき子孫もなく、寺は廃寺となっているわけであるから、継室淡河氏の墓石の修復等は全くなされてはいないが、今も、ほゞ元の位置に立っているのを見て、ホッとした次第である。

9 佐々介三郎の著作物

一 著書として伝承されているもの

(1)『六物輯釈《ろくもつしゅうしゃく》』

この書物名を記載しているのは、安積覚兵衛(澹泊)撰の「十竹居士佐佐君之墓」の碑文である。仏教関係の書物であろうと思われるが、現在ではその存否は全く不明である。

(2)『足利将軍伝《あしかがしょうぐんでん》』一冊

同書の原本は所在不明であるが、

①木版本『甘雨亭叢書《かんうていそうしょ》』本——著者名「平安　佐佐宗淳子朴著」

②写本「九州大学図書館」本——著者名「平安　佐佐宗淳子朴著」

③写本「尊経閣文庫《そんけいかく》」本——著者名「佐佐宗淳子朴著」

④活字本『水戸学大系』所収の「足利義持《よしもち》」の伝・賛――著者名「十竹　佐々宗淳著」の四種が確認され、それぞれ著者名が記載されている。

その為、長年、佐々介三郎の編著であるという扱いを受けてきたのであるが、昭和六十三年発行（錦正社）の拙著『新版佐々介三郎宗淳』において、諸方面からの調査検討の結果、筆者は、次のように結論した。

＊「碑文」『水府系纂』『耆旧得聞』『文苑遺談』『先哲叢談続編』などの、介三郎の伝を記したものには、いっさい『足利将軍伝』一冊という書名は出てこない。

＊しかも文政四年（一八二一）頃に、彰考館の史臣鈴木重宣《しげのぶ》（字は俊卿《しゅんけい》、号は大凡《たいぼん》）によって編修された『足利伝《あしかがでん》』八巻（四代義持《よしもち》から十五代義昭《よしあき》、及び足利一族などの伝《でん》と賛《さん》を記した書物で、国立国会図書館・彰考館・東大史料編纂所などに写本架蔵）と極めて類似性が高い。

＊その『足利伝』の一部である将軍の伝と賛が『足利将軍伝』と名付けられ、板倉勝明《いたくらかつあき》によって『甘雨亭叢書』に採用されて、木版刊行されたのではないか。

＊ただし、板倉勝明がどのような根拠に基づいて、『足利将軍伝』を佐々介三郎の著書と考え、叢書の一部に組み入れたのかは不明である。

◆結論として『足利将軍伝』は、佐々介三郎の撰述書目から除外すべきであると考える。

二　後世集録の介三郎の著作文

(1)『**十竹《じっちく》遺稿《いこう》**』写本一冊（彰考館蔵）

論・伝・序・記・書・雑著・賛などの著作文三十三編を歿後に集録されたものであろう。

その冒頭に収められているのが、介三郎（僧名は祖淳）自身が仏門修行と還俗の事情を書き留めた「立志論」である。他に「安倍仲満論」「乱賊好仏法論」「擬百官志」等が収録。

(2)『**十竹遺稿補遺《ほい》**』写本一冊（茨城大学図書館架蔵・菅政友《かんまさすけ》文庫本）

『十竹遺稿』を補うものとして、後世一冊に集録されたものであろう。

「松江復讐録」「正明銃説」「外祖大木府君伝」「東方奇観五則」「鵜飼金平宛書簡・往復書案・水府系纂抄・碑文など」を収載している。

(3)『**松蘿本《しょうらぼん》・十竹斎筆記**』写本一冊（茨城県立図書館架蔵）

介三郎（晩年に十竹（斎）と号した）が伝聞したり、自ら調査研究したことを、雑多に書き留めたものである。旧『彰考館蔵書目録』には「四冊」とあるが、茨城県立図書館架蔵本は一冊である。

(4)『**浅羽本《あさばぼん》・十竹斎筆記**』写本一冊（茨城県立図書館架蔵）

同書は、その内容を検討してみた結果、介三郎の著述である「随聞随録《ずいもんずいろく》」「織田家雑録」の二編を収載してはいるものの、介三郎歿後の年次に関わる内容の記述も含まれており、『十竹斎筆記』とは称し難い書物である。

(5) 他に静嘉堂文庫所蔵の写本として、『十竹斎筆記』(上・下)と『十竹斎筆記抄』の二種が存在する。

(6) **『十竹斎手書《しゅしょ》(手記)』**——元は彰考館の所蔵であったが焼失。写本等の存在も不明。

(7) **『十竹斎雑録』**——同右

三　史料の蒐集採訪の成果

(1) **『南行雑録』**——延宝八年(一六八〇)・天和元年(一六八一)の史料採訪の記録

○彰考館本は焼失。

○写本①／東大史料編纂所架蔵本・写本五冊

○写本②／茨城県立歴史館架蔵本・写本三冊

茨城県立歴史館には、表題に『南行雑録』と書かれた写本六冊が架蔵されているが、そ

の内訳を見ると、

『南行雑録』三冊（佐々介三郎の史料採訪記録）

『続南行雑録』二冊（元禄二年の大串平五郎元善の史料採訪記録）

『又続南行雑録』一冊（佐々介三郎の史料採訪記録）

が混じっており、東大史料編纂所架蔵本（五冊）と比較してみると、歴史館本には欠本が見られる。

（2）**『又続《ゆうぞく》南行雑録』**一冊——元禄五年（一六九二）から翌六年にかけて、湊川楠公碑建立工事に併行して行なわれた史料採訪の記録。丸山可澄が整理。

○彰考館本は焼失。

○茨城県立歴史館架蔵本『南行雑録』のうち、第六冊目が『又続南行雑録』一冊である。

（3）**『西行《さいこう》雑録』**一冊——貞享二年（一六八五）の九州・中国・北陸方面の史料採訪記録。

○彰考館本は不明。

○国立公文書館（旧内閣文庫）架蔵写本一冊

（4）**『求書《ぐしょ》権輿《けんよ》目録《もくろく》』**一冊、佐々介三郎宗淳自筆本？・（彰考館蔵）

○延宝六年（一六七八）の京都及び周辺の採訪書目録。

［参考］

「佐々介三郎宗淳」略年譜

寛永十七年（一六四〇）　5／5 瀬戸内の一小島に生まれる。佐々直尚の第五子。
〜15歳まで、家族と共に大和の大宇陀にて生活。

承応　三年（一六五四）15歳　京都花園の妙心寺に入って僧となる。号は祖淳。

万治　元年（一六五八）19歳　この頃、備前国の清禅寺に滞在。

〃　三年（一六六〇）21歳　学問躬行の不一致を反省、黄檗宗の隠元のもとで参禅修行。

寛文　元年（一六六一）22歳　この頃から諸山教相を学ぶため、数年間諸方に遊歴。

〃　八年（一六六八）29歳　この頃（翌年？）に、「梵網経」中の仏戒に疑問が生ずる。

延宝　元年（一六七三）34歳　春頃すでに妙心寺を出て還俗か。この間「立志論」成立？
11／2 京都発足、江戸出府？。

〃　二年（一六七四）35歳　9月 水戸家仕官、進物番兼史館編修となる。

〃　六年（一六七八）39歳　4／28 小納戸役となる。史館編修は元のとおり。
12／16 二〇〇石を支給。

〃　八年（一六八〇）41歳　この年、京都方面史料採訪派遣。本格的史料蒐集の開始。
　　　　　　　　　　　　6月〜冬、京都・奈良・吉野・高野山・熊野・河内方面採訪。
天和（延宝九年）　元年（一六八一）42歳　6月〜11月、京都・奈良・醍醐など史料採訪。
　　　　　　　　　　　　12月 加増されて三〇〇石となる。
〃　二年（一六八二）43歳　この頃、「宗清」から「宗淳」に改名か。
〃　三年（一六八三）44歳　須賀川（福島県）の相楽家結城文書の調査。
貞享　二年（一六八五）46歳　4月〜11月、丸山可澄と九州・中国・北陸の史料採訪。
〃　四年（一六八七）48歳　那須国造碑の調査を命ぜられる。
元禄　元年（一六八八）49歳　7／30 吉弘左介と共に、史館総裁に任ぜられる。
〃　二年（一六八九）50歳　夏、吉弘左介らと共に、「修史義例」を作成。
〃　四年（一六九一）52歳　3月〜那須国造碑修復工事の総指揮を命ぜられる。
　　　　　　　　　　　　6／1〜5 太田久昌寺で一切経の箱書きを行なう。
〃　五年（一六九二）53歳　2月〜4月、那須の車塚二基の発掘調査を行なう。
　　　　　　　　　　　　4月〜湊川楠公碑建立の現場監督派遣。史料採訪も実施。
〃　六年（一六九三）54歳　前年に引き続き、秋頃まで京都・奈良に史料採訪。

〃　九年（一六九六）57歳

12／2　兄彦衛門の次男藤蔵宗立を養嗣子とす。

6月～　安積覚兵衛・中村新八等と「重修紀伝義例」を作成。

7／12　史館総裁を退任。小姓頭として西山荘の光圀に近侍。

　西山荘近くの不老沢に住む。

〃　十一年（一六九八）59歳

5／2　継室淡河氏死去（35歳）。戒名「珠光院馨室涼和禅定尼」、

　太田新宿の極楽寺（のち廃寺）墓地に埋葬。

5月末　介三郎病気悪化。

6／3　夜、死去。

6／6　儒式で葬儀。太田増井の勝楽寺墓地に埋葬（のち正宗寺に合

　併）。戒名は「十竹居士」

　養嗣子藤蔵宗立が家督を継承（進物番・一五〇石）。

宝永　元年（一七〇四）

5／1　藤蔵、養父介三郎の墓碑（墓碑文は安積覚兵衛撰）と養母淡河

　氏の墓碑を建立。

9／16　養嗣子藤蔵宗立が死亡（30歳）。男子無く嗣絶。

佐々介三郎宗淳　史料採訪　旅程略図

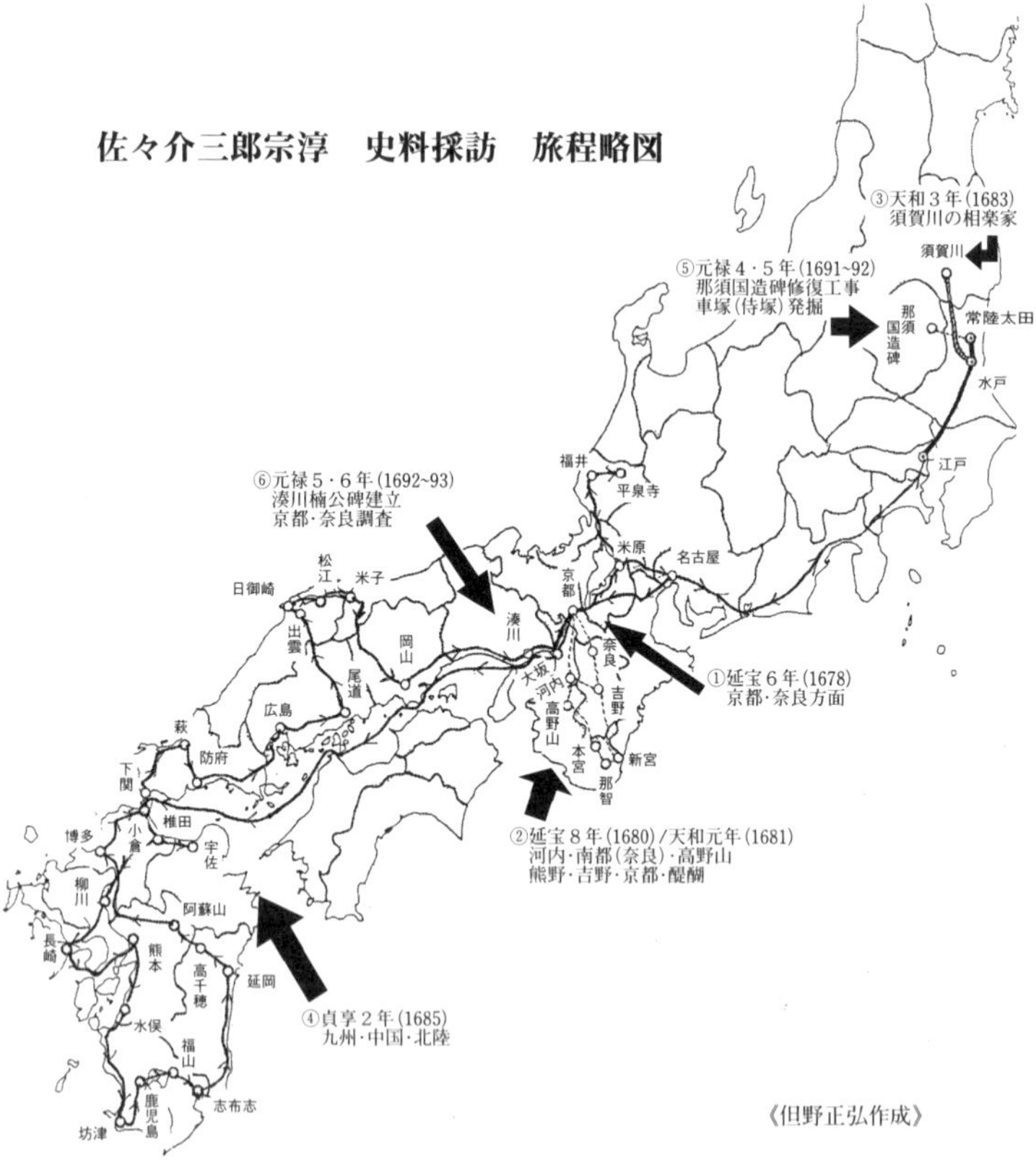

《但野正弘作成》

あとがき

「助さん」こと佐々介三郎宗淳が生まれたのは、一家の旅の途中、瀬戸内海の一小島。彼の「旅人生」の幕開けを暗示するような誕生であった。

以来、大和の宇陀《うだ》、京都妙心寺、諸山諸寺の修行、還俗と江戸行、水戸家仕官、史料採訪の旅、国造碑修復と古墳発掘、湊川楠公碑建立、と旅に次ぐ旅を続け、五十七歳からは西山荘の黄門老公光圀のお側で、腰を落ち着けた生活を送るようになったが、僅か二年後には、病気により五十九歳でこの世を去らなければならなかった。

介三郎は、禅僧として、水戸藩士・史臣として、その生涯の大半を旅の空で送ってきた。まさにそれは「旅人生」の一生であった。殊には、後半生において徳川光圀の命により派遣された各地への史料蒐集採訪の旅。那須国造碑修復・車塚古墳発掘事業や、湊川楠公碑建立のための現地出張等。わが国の学問・文化の上に残された大きな業績は、介三郎の「旅」によってもたらされたもの、と言っても過言ではなかろうと思うのである。

しかし、介三郎の旅人生もよく判らない面が多い。「往復書案」等を見ても、介三郎の個人に関わるような動向については、詳しい記録がない。彼が仕えた水戸光圀の西山荘近辺への散策、水戸家墓所瑞龍山《ずいりゅうさん》や久昌寺への参詣、水戸領内の巡回視察などの折りには、介三郎も御供に加わっていたことが、少しは伺い知れる史料もあるが、詳しく跡付けることは難しい。

ただし、はっきり言えることは、講談・小説・テレビの世界に描かれているような「水戸黄門と助さん・格さん」の、全国漫遊の旅は無かったということである。

ところで「助さん・佐々介三郎」は、どんな姿格好の人物だったのであろうか。細身の人？それとも？筆者もあれこれ想像はしてみるものの、具体的な姿格好は浮かんでこない。

さて、最後になったが、これまでの長年にわたる「佐々介三郎宗淳」研究において、史料や情報を提供して下さった方々、懇切なご教示・ご指導を賜った方々、併せて、本書の刊行にご尽力下さった錦正社社主の中藤政文氏などの方々に対し、紙面を借りて、心から感謝申し上げ、御礼申し上げる次第である。

平成二十年七月十一日

義公徳川光圀公生誕三八〇年・佐々介三郎宗淳歿後三一〇年記念の年にあたりて

著者　但野正弘　識

著者略歴　但《ただ》野《の》正《まさ》弘《ひろ》

昭和15年(1940)　茨城県水戸市に生まれる
昭和34年3月　茨城県立水戸第一高等学校 卒業
昭和38年3月　茨城大学 文理学部 文学科
　　　　　　　史学専攻 卒業
昭和38年4月～静岡県・浜松日体高等学校 教諭
昭和44年4月～茨城県立岩瀬高等学校 教諭
昭和59年4月～　〃　　水戸第一高等学校 教諭
平成 4年4月～　〃　　茨城東高等学校 教諭
平成13年4月～千葉県・植草学園短期大学 教授

＊　水戸史学会理事・事務局長／財団法人日本学協会理事

著書：『佐々宗淳』―禅僧と史臣の生涯―／『新版佐々介三郎宗淳』／『桜田烈士蓮田一五郎』／『水戸城本丸史談』／『若き日の水戸黄門』／『史跡めぐり水戸八景碑』／『藤田東湖の生涯』／『黄門様の知恵袋』／『梅ケ香の軌跡』―水戸の心を尋ねて―／『水戸史学の各論的研究』／『水戸烈公と藤田東湖「弘道館記」の碑文』
　その他、共編・共著数編あり

著者住所：〒310-0852 茨城県水戸市笠原町９７９－４２

水戸の人物シリーズ7　助《すけ》さん・佐々介三郎《さっさすけさぶろう》の旅人生《たびじんせい》

平成二十年七月二十日 印刷
平成二十年七月二十六日 発行

※定価はカバーなどに表示してあります。

著者　但野正弘
企画　水戸史学会（会長 宮田正彦）
発行者　中藤政文
発行所　錦正社
〒一六二―〇〇四一
東京都新宿区早稲田鶴巻町五四四―六
電話　〇三（五二六一）二八九一
FAX　〇三（五二六一）二八九二
URL　http://www.kinseisha.jp/
印刷所　㈱平河工業社
製本所　㈲小野寺三幸製本

ISBN978-4-7646-0283-0

〒162-0041　東京都新宿区早稲田鶴巻町544-6
☎03(5261)2891　FAX03(5261)2892
錦正社